J. Marco D. Aucousturier

Sept contes stoïques: Pratiques de pleine conscience pour la sérénité quotidienne et la gestion du stress

Table des matières

Préface

Bienvenu dans le monde envoûtant des sept contes stoïques, un voyage transcendant à travers le temps, où les principes intemporels de la philosophie stoïcienne se tissent habilement dans le tissu de nos vies modernes frénétiques.

Dans cet ouvrage, nous embarquons ensemble pour une exploration fascinante où les récits captivants rencontrent la sagesse millénaire, où les leçons des anciens se transforment en boussoles éclairantes pour notre existence contemporaine. Ces sept contes ne sont pas simplement des histoires, mais des portails magiques vers une compréhension plus profonde de nous-mêmes, des invitations à repenser notre relation avec le stress et à cultiver la sérénité au quotidien.

Laissez-moi vous emmener dans un voyage dans lequel les pages de ce livre deviennent des alliés dans votre quête de paix intérieure. Les contes qui vous attendent ne sont pas des utopies, mais des miroirs réfléchissants de la vie quotidienne, des récits qui résonnent avec les défis auxquels nous sommes tous confrontés. À travers ces histoires, nous explorons les aspects fondamentaux de la condition humaine : l'incertitude, la résilience, la recherche de sens et la quête éternelle de la tranquillité.

Cet ouvrage va au-delà des simples concepts philosophiques pour vous offrir des pratiques concrètes de pleine conscience. Ces pratiques ne sont pas des remèdes miraculeux, mais des outils puissants qui, une page à la fois, peuvent vous aider à transformer le stress en sérénité, l'agitation en équilibre.

Les contes stoïques ne sont pas une échappatoire de la réalité, mais une plongée profonde dans celle-ci. Ils vous invitent à embrasser la totalité de votre existence avec lucidité, courage et grâce. En suivant ces récits, vous découvrirez comment les principes stoïciens peuvent devenir des guides fiables dans votre propre quête de bien-être et d'épanouissement.

Que vous soyez un chercheur de vérité ou simplement en quête d'une bouffée d'air frais dans le tourbillon quotidien. « Sept contes stoïques » vous invite à prendre une pause, à méditer sur ces enseignements millénaires et à les appliquer dans la toile complexe de votre propre vie.

Que ce livre soit un compagnon de voyage précieux dans votre parcours personnel vers la sagesse, la tranquillité et la gestion éclairée du stress. Bonne lecture, et que chaque page soit une étape de plus vers une vie plus équilibrée et épanouissante.

Introduction

Au fil des siècles, les enseignements stoïciens ont perduré comme des phares éclairant le tumulte de la vie quotidienne. Dans ce recueil envoûtant, intitulé Sept contes stoïques, nous explorons un monde dans lequel la sagesse antique se mêle à la modernité, offrant des récits captivants et des pratiques de pleine conscience qui transcendent les époques.

Chacun des sept contes qui composent cet ouvrage est un voyage initiatique, une immersion dans les préceptes stoïciens qui guident vers la sérénité dans notre monde moderne empreint de défis. Ces histoires, teintées de philosophie pratique, révèlent des leçons intemporelles pour la gestion du stress et l'épanouissement quotidien.

Laissez-vous emporter dans des récits auxquels la sagesse stoïcienne se marie à la réalité contemporaine, offrant des clés pour affronter les tourments de la vie avec calme et résilience. À travers ces pages, découvrez des pratiques de pleine conscience qui transcendent la simple méditation pour devenir des outils puissants, vous permettant d'affronter l'agitation du monde tout en cultivant une quiétude intérieure.

« Sept contes stoïques » est bien plus qu'un livre ; c'est un guide passionnant vers une vie équilibrée, ancrée dans la sagesse des anciens, mais parfaitement adaptée à notre époque trépidante.

Préparez-vous à plonger dans un voyage dans lequel la philosophie rencontre la pratique et où la sérénité devient une réalité tangible. La porte vers une vie plus épanouissante vous est ouverte. Bienvenue dans cet univers où la sagesse stoïcienne s'entrelace harmonieusement avec la quête contemporaine de paix intérieure.

Au fur et à mesure que vous tournez les pages, vous rencontrerez des personnages captivants, confrontés à des défis universels, allant de l'incertitude aux revers inattendus de la vie. Chacun de ces contes vous invitera à réfléchir sur votre propre parcours, à trouver des parallèles avec vos expériences et à embrasser les principes stoïciens comme des boussoles fiables dans le voyage de l'existence.

À travers ces récits, nous explorerons des thèmes tels que la maîtrise de soi, la résilience face à l'adversité et la quête constante de la tranquillité intérieure. Ces contes stoïques ne sont pas simplement des histoires ; ce sont des véhicules qui vous transporteront vers une compréhension plus profonde de vous-même et du monde qui vous entoure.

Chaque page offre une invitation à la réflexion et à l'action. Les pratiques de pleine conscience qui parsèment ces contes deviennent des outils pratiques, des éclairages pour éclairer les coins parfois sombres de nos vies. Vous découvrirez comment la méditation, la gratitude et l'acceptation inconditionnelle peuvent se transformer en des alliés puissants pour naviguer à travers les défis modernes avec grâce et équilibre.

« Sept contes stoïques » se veut un guide pratique pour intégrer les enseignements stoïciens dans votre quotidien. Que vous soyez confronté à des moments de doute, de frustration ou de joie, ces histoires vous offriront des perspectives uniques, des leçons qui résonneront au plus profond de votre être et des outils pour cultiver une sérénité durable.

Préparez-vous à entreprendre un voyage de transformation personnelle, où les pages de ce livre deviendront des échos bienveillants, des compagnons stoïciens pour accompagner votre quête de sagesse et de paix intérieure. Embarquez maintenant dans cette aventure où l'ancien et le moderne s'entremêlent harmonieusement pour vous guider vers une vie plus épanouissante et équilibrée.

La philosophie stoïcienne est une école de pensée qui nous vient de la Grèce antique. Elle a été fondée au IIIe siècle avant Jésus-Christ et ses adeptes cherchaient à atteindre le bonheur et la tranquillité de l'âme en vivant en harmonie avec la nature et la raison. Les Stoïciens pensaient que le bonheur ne dépend pas des événements extérieurs, mais de notre capacité à accepter calmement ce qui nous arrive.

Pour bien comprendre cette philosophie, il faut d'abord savoir que pour les Stoïciens, le monde est régi par le logos, c'est-à-dire la raison divine qui ordonne toutes choses. Les hommes doivent donc accepter avec sérénité ce qui leur arrive, même les épreuves, car cela fait partie du destin.

Les stoïciens recommandent de cultiver quatre vertus principales :

- La prudence : Il s'agit d'identifier correctement ce qui dépend de nous et ce qui n'en dépend pas. Par exemple, nous pouvons contrôler nos pensées et nos actions, mais pas les événements extérieurs.

- La justice : elle consiste à respecter les autres et à leur rendre ce qui leur est dû. Les stoïciens pensent que tous les êtres humains sont égaux et méritent d'être traités avec bonté.

- La tempérance : c'est la modération dans nos désirs et l'absence d'excès. Les stoïciens invitent à se contenter de peu et à résister aux plaisirs futiles.
- Le courage : il permet d'affronter les épreuves inévitables de l'existence sans peur ni plainte, mais avec la volonté de bien faire son devoir.

Celui qui suit ces principes pourra atteindre un état de tranquillité intérieure que les stoïciens appellent l'ataraxie. Même face aux coups du sort, il restera calme et serein.

Mais comment s'initier concrètement à cette sagesse antique ? Voici quelques exercices spirituels transmis par les stoïciens pour progresser sur le chemin de la vertu.

Tout d'abord, il est recommandé de pratiquer chaque jour l'attention consciente au présent, qu'on appelle aussi "pleine conscience". Cela consiste à porter délibérément son attention sur le moment présent : observer ses pensées, ses sensations physiques, sans juger ni s'attacher. Cet exercice permet de mieux maîtriser ses pensées, de réduire l'anxiété face à l'avenir et les regrets du passé. Il faut s'entraîner à goûter l'instant présent et à se concentrer sur ce que l'on fait, plutôt que de laisser son esprit vagabonder inutilement.

Un autre exercice clef est la « praemeditatio malorum », que l'on peut traduire par « méditation sur les maux à venir ». Il s'agit d'imaginer à l'avance ce qui pourrait mal se passer dans l'existence - maladie, deuil, disgrâce - afin de s'y préparer et de pouvoir y faire face avec courage et sérénité le moment venu. Ce n'est pas pour s'angoisser, mais au contraire pour ôter sa peur du malheur en l'envisageant lucidement.

Les stoïciens recommandent également de tenir un journal personnel pour s'examiner chaque soir. On y note les progrès accomplis dans la mise en pratique des vertus stoïciennes, mais aussi les manquements. Cela permet une vigilance de tous les instants sur ses pensées et ses actes.

L'exercice des maximes est un autre outil essentiel. Il consiste à méditer régulièrement sur de courtes sentences qui résument les enseignements stoïciens, par exemple : « Le bonheur dépend de moi, non des autres », « Accepter ce que je ne peux changer », « Le présent seul est en mon pouvoir ». En se répétant ces phrases clefs, elles s'ancrent peu à peu dans l'esprit.

Pour mettre en pratique le détachement, il est bon de s'imposer de temps en temps des privations volontaires : jeûne, restriction alimentaire, vie simple. En renonçant temporairement aux commodités matérielles, on renforce sa maîtrise de soi et son contentement face à toute situation.

Les stoïciens insistaient beaucoup sur l'importance d'avoir des fréquentations vertueuses. Entourons-nous de gens sages dont la conversation élève l'esprit. Le commerce avec les imbéciles et les vicieux risque au contraire de nous contaminer.

Tous ces exercices permettent de progresser sur le chemin stoïcien menant au bonheur intérieur. Bien sûr, cela demande des efforts, de la persévérance. Suivre la voie stoïcienne, ce n'est pas rester inactif à attendre que le bonheur nous tombe dessus. C'est une démarche exigeante, un travail de tous les instants sur soi-même.

Mais celui qui y parvient goûte une sérénité, une liberté intérieure qui ne dépendent plus des aléas de l'existence. Quoi qu'il arrive, il garde son calme et sa confiance. Il accepte tout ce qui vient comme la volonté de la nature universelle.

Voilà les grandes lignes de cette initiation à la sagesse stoïcienne, telle qu'elle était enseignée dans les écoles de philosophie de la Grèce et de la Rome antiques. Bien sûr, mettre ces préceptes en application aujourd'hui demande quelques ajustements. Le monde a changé en deux mille ans.

Mais ces principes de vie fondés sur le courage, la maîtrise de soi et l'acceptation du réel gardent toute leur pertinence. Ils peuvent aider à donner un sens à son existence. Et qui sait, peut-être certains d'entre vous trouveront-ils dans ces exercices spirituels un chemin vers une vie plus harmonieuse.

En tout cas, il ne faut pas voir la philosophie stoïcienne comme une recette miracle et immédiate pour le bonheur. Elle propose plutôt un travail sur soi au long cours, fait de petits pas quotidiens. Il faut y progresser à son rythme, tester par soi-même ces pratiques.

Peut-être que certains préceptes stoïciens vous paraîtront difficiles à comprendre ou à suivre. C'est normal au début. Le principal est de réfléchir par soi-même, d'expérimenter ce qui nous semble vrai et juste. Chacun doit trouver la manière d'introduire un peu de sagesse stoïcienne dans sa vie, selon sa sensibilité.

Il n'y a pas de dogme absolu. Nous sommes tous capables de progresser à notre mesure vers plus de sérénité intérieure. Quelle que soit notre approche, cherchons avant tout à devenir meilleurs, à cultiver nos points forts pour mieux supporter nos faiblesses.

La sagesse stoïcienne reste une source toujours jaillissante à laquelle viennent s'abreuver ceux qui aspirent à donner un sens profond à leur passage sur terre. Elle peut nous aider à traverser les joies et les peines de l'existence, à accomplir avec honneur notre devoir d'être humain.

1.1 Une brève plongée dans la philosophie stoïcienne

Comme nous avons pu le voir, la philosophie stoïcienne est née il y a environ 2300 ans, dans la Grèce antique. Elle doit son nom au fait que ses fondateurs, Zénon de Citium, Cléanthe et Chrysippe, enseignaient sous le portique peint (en grec stoa poikilê) d'Athènes. Le stoïcisme connut un grand succès durant toute l'Antiquité et compta nombre d'adeptes célèbres, comme l'empereur Marc Aurèle ou les philosophes Sénèque et Épictète. Aujourd'hui, cette école de pensée suscite un regain d'intérêt, car elle propose une sagesse de vie toujours actuelle. Mais de quoi s'agit-il exactement ? C'est ce que nous allons découvrir dans cette introduction.

Tout d'abord, les Stoïciens considèrent que pour être heureux, il faut accepter ce qui arrive dans la vie avec sérénité, que ce soit bon ou mauvais. En effet, la plupart des gens sont malheureux parce qu'ils espèrent obtenir ce qui leur fait plaisir et éviter ce qui leur déplaît. Or, on n'arrive jamais à tout contrôler. Il vaut donc mieux apprendre à rester calme en toutes circonstances.

Pour y parvenir, les stoïciens recommandent de bien faire la distinction entre ce qui dépend de nous et ce qui ne dépend pas de nous. Par exemple, on ne peut pas contrôler si on tombe malade, si on perd son travail ou si un ami nous trahit. En revanche, on peut décider de la manière dont on réagit à ces événements. On garde toujours le pouvoir sur nos pensées et nos actes.

C'est là que réside notre liberté selon les stoïciens : dans notre jugement intérieur. Si on accepte tranquillement ce qui nous arrive, sans se plaindre des choses qu'on ne maîtrise pas, alors on devient libre intérieurement. Plus rien de l'extérieur ne peut nous atteindre ou nous troubler.

Pour trouver cette sérénité, il faut donc se concentrer sur ce qu'on peut contrôler : nos valeurs, nos buts, nos actes justes envers les autres. Plutôt que de courir après gloire et richesse, mieux vaut mener une vie sensée, guidée par la raison et la vertu.

Les stoïciens insistaient sur quatre vertus principales à cultiver : la sagesse, le courage, la justice et la tempérance. La sagesse, c'est savoir accepter le cours des choses. Le courage permet d'affronter les épreuves de la vie sans se plaindre. La justice consiste à bien se comporter avec autrui. Et la tempérance signifie de limiter ses désirs pour se contenter de l'essentiel.

Bien sûr, il est difficile d'être parfaitement sage et vertueux en toutes circonstances. Mais on peut tendre vers cet idéal en pratiquant des exercices spirituels. Par exemple, les Stoïciens recommandaient de passer chaque soir à méditer sur sa journée écoulée. Qu'ai-je fait de bien ou de mal ? Quelles erreurs dois-je corriger pour m'améliorer ?

Ils conseillaient également de réfléchir d'avance aux épreuves possibles de l'existence, comme la pauvreté, la maladie ou la mort d'un proche. En imaginant calmement le pire, on s'endurcit et on peut relativiser les vrais malheurs quand ils surviennent. Rien ne nous prend alors par surprise.

Les philosophes stoïciens pratiquaient aussi des exercices pour renforcer leur maîtrise des passions. Par exemple, supporter la faim et la soif sans se plaindre. Ou encore, s'obliger à des tâches ingrates sans montrer de réticence. En s'imposant des défis, on devient capable de supporter tous les coups du sort avec courage et sérénité.

Bien sûr, il ne s'agit pas de rechercher la souffrance pour elle-même. Le but est juste de séparer ce qui dépend de nous de ce qui ne dépend pas de nous. Et de rester imperturbable face à ce qu'on ne contrôle pas.

Vivre en stoïcien exige donc des efforts. C'est un entraînement de tous les instants. Il faut travailler à maîtriser ses émotions, à agir avec sagesse et vertu. Mais petit à petit, cela change notre regard sur l'existence. On apprend à goûter le moment présent plutôt que de ressasser le passé ou de craindre l'avenir.

Une vie simple en harmonie avec la nature et avec les autres apporte une joie paisible. Même quand la malchance nous frappe, notre sérénité intérieure reste inébranlable si on a bien préparé son esprit. Voilà l'idéal du sage stoïcien...

Bien entendu, atteindre cet idéal demande beaucoup d'efforts et de pratique. Peu de gens y parviennent totalement. Mais chacun peut s'en inspirer et chercher à introduire plus de philosophie stoïcienne dans sa vie. Il suffit parfois de petits changements pour devenir un peu plus libre et serein.

Par exemple, on peut prendre l'habitude de noter chaque soir trois choses positives vécues pendant la journée, au lieu de ruminer le négatif. Ou bien visualiser calmement le pire scénario possible avant un événement angoissant. Ces petits exercices stoïciens aident à relativiser les tracas et à rester maître de soi.

Cultiver la simplicité, la tempérance, le sens de la justice envers autrui, le courage face aux épreuves, cela reste une voie toujours féconde pour trouver l'équilibre intérieur. Chacun progresse à son rythme sur ce chemin. L'essentiel est de continuer à avancer.

Bien sûr, mettre en pratique le Stoïcisme au quotidien n'est pas toujours facile. Il faut constamment lutter contre nos penchants naturels aux excès, à la paresse, aux passions incontrôlées.

Heureusement, les philosophes stoïciens nous ont transmis diverses techniques pour progresser sur la voie de la sagesse. En voici quelques-unes parmi les plus efficaces :

Tout d'abord, l'exercice de la présence attentive ou pleine conscience. Il s'agit de prendre conscience du moment présent, de ce qui se passe en nous et autour de nous, sans juger ni analyser. Juste accueillir l'instant tel qu'il est. Cet entraînement quotidien à être pleinement présent dans l'action que l'on fait permet de trouver le calme intérieur.

Autre exercice clef : la visualisation. On prend quelques minutes chaque jour pour s'imaginer en détails une situation difficile, comme perdre son emploi ou être gravement malade. On se projette dans cette épreuve, on ressent les émotions qu'elle susciterait, puis on imagine y faire face avec courage et sérénité. Répéter cet exercice renforce notre résilience face aux coups du sort.

Les stoïciens recommandent également la pratique régulière de l'autosatisfaction. Le soir, on passe en revue sa journée pour identifier tous les petits plaisirs simples que l'on a pu goûter. Un bon repas, une conversation amicale, le chant des oiseaux... Savourer humblement ces joies modestes nous aide à ne pas courir éperdument après des plaisirs plus artificiels.

Pour maîtriser ses passions, il est bon aussi de s'imposer de temps à autre des périodes d'ascèse. Jeûner volontairement, vivre de façon très simple, se passer de certains conforts. Cela renforce la maîtrise de soi et le contentement face à toute situation.

Enfin, méditer régulièrement sur la brièveté de la vie est un puissant moyen de relativiser les tracas quotidiens et de se recentrer sur l'essentiel. Rappelons-nous chaque jour que notre temps est compté pour ne pas le gâcher inutilement.

Voilà donc quelques pistes concrètes pour mettre un peu de sagesse stoïcienne dans notre vie moderne. Chacun peut piocher dans cette boîte à outils les exercices lui correspondant le mieux. L'essentiel est de progresser à son rythme vers plus de maîtrise de soi et de sérénité intérieure.

Certes, incarner l'idéal du sage Stoïcien imperturbable est impossible. Mais tendre vers cet horizon donne un sens à notre quête du bonheur. La sagesse antique peut nous aider à traverser les peines inévitables de l'existence. Elle nous apprend à faire la part entre ce qui dépend de nous et ce qui ne dépend pas de nous.

En cultivant courage, tempérance et sérénité, nous devenons peu à peu les pilotes de notre propre vie. Même si la mer est agitée, nous gardons le cap, sans nous laisser emporter par les flots des émotions. Tel est l'art de vivre que cette philosophie millénaire continue de nous transmettre.

Bien sûr, il serait réducteur de voir le stoïcisme seulement comme une recherche du bonheur personnel. Cette sagesse antique comporte également une dimension altruiste importante.

Les stoïciens considèrent en effet que tous les êtres humains font partie d'une même communauté universelle. Nous sommes tous frères et sœurs, malgré les apparences qui peuvent nous séparer. Chacun mérite alors compassion et bonté.

Le sage stoïcien cultive ainsi des valeurs de partage, de générosité et de justice sociale. Il est attentif aux plus démunis et leur vient en aide dans la mesure de ses moyens. Sénèque encourageait par exemple à donner une partie de sa fortune aux indigents.

Pour les stoïciens, nous devons utiliser nos talents et notre énergie pour rendre service à la société et non pour notre intérêt personnel. L'engagement citoyen fait partie intégrante de leur philosophie.

Ils nous invitent aussi à considérer nos ennemis eux-mêmes avec humanité. Même ceux qui nous font du tort restent des êtres humains faillibles, qui méritent notre compassion. La haine et la violence ne résolvent rien.

Bien sûr, mettre en pratique ces principes n'est pas toujours évident dans un monde où règnent l'égoïsme et l'injustice. Mais les Stoïciens nous rappellent que chacun peut, à son échelle, contribuer à plus de fraternité.

Le progrès vers la sagesse passe aussi par là. Devenir meilleur soi-même, c'est s'efforcer chaque jour d'être plus attentif aux autres, plus solidaire et plus juste. Même les petits gestes comptent.

Ainsi, la philosophie stoïcienne ne vise pas qu'à l'épanouissement individuel dans une « tour d'ivoire ». Elle nous pousse au contraire à nous tourner vers nos semblables et à bâtir avec eux une société plus harmonieuse.

Bien sûr, il ne s'agit pas de tomber dans l'angélisme ou l'utopie. Le stoïcisme conserve un sens profond du réel et des limites humaines. Mais cette sagesse millénaire porte une vision généreuse de nos possibles.

Le stoïcisme nous offre une boussole précieuse pour tracer notre route dans l'existence et trouver notre juste place au sein de la communauté humaine. Sa pertinence traverse les siècles, car elle nous parle à parts égales de maîtrise de soi et d'attention à autrui.

Puissions-nous chacun y puiser l'inspiration pour mener une vie authentique ? Il faut trouver le bonheur intérieur et œuvrer ensemble à un monde plus fraternel.

1.2 La maîtrise de soi expliquée pour les esprits en quête de sérénité

La philosophie stoïcienne, née il y a plus de 2000 ans, peut nous aider encore aujourd'hui à trouver la sérénité intérieure et le bonheur. L'un de ses principes clefs est la maîtrise de soi. Voyons ce que cela signifie.

Tout d'abord, les Stoïciens considèrent que beaucoup de nos troubles viennent de ce que nous recherchons à tout prix certains biens comme la richesse, la gloire ou les plaisirs physiques. Or, ces choses ne dépendent pas vraiment de nous et peuvent nous échapper à tout moment.

C'est pourquoi le sage stoïcien s'efforce de ne pas mettre son bonheur entre les mains de ce qu'il ne contrôle pas. Il se concentre sur ce qui dépend de lui : ses pensées, ses valeurs, la manière dont il agit.

Cultiver la maîtrise de soi consiste donc d'abord à prendre conscience de la différence entre ce qui dépend de nous et ce qui n'en dépend pas. On peut agir sur nos opinions, nos désirs, nos réactions face au monde. Mais on ne peut pas tout contrôler à l'extérieur.

Une fois que l'on a bien intégré cette distinction, on peut travailler à mieux diriger sa propre conduite. Plutôt que de se laisser emporter par ses émotions et ses envies passagères, on choisit de prendre le contrôle de soi-même.

Concrètement, les stoïciens recommandent de s'observer attentivement pour repérer nos fonctionnements automatiques et nos penchants excessifs. Par exemple, est-ce que je me mets souvent en colère pour un rien ? Est-ce que je passe trop de temps à me plaindre des choses qui ne vont pas ?

Il s'agit de développer cette vigilance bienveillante sur nous-mêmes. Sans nous juger, juste prendre conscience objectivement de nos travers. C'est la première étape pour ensuite décider de les corriger progressivement.

Car nous avons en nous la capacité de choisir nos pensées et nos actes. Au lieu de nous laisser porter passivement par nos émotions, nous pouvons décider de penser et d'agir autrement.

Cela demande des efforts, bien sûr. Personne ne devient stoïcien du jour au lendemain. Il faut s'exercer sans relâche à la maîtrise de soi. Mais petit à petit, avec de la persévérance, chacun peut progresser.

Par exemple, on peut décider de compter jusqu'à 10 avant de réagir lorsqu'on se sent envahi par la colère. Ou s'obliger à parler calmement, même quand on est agacé intérieurement. Ce sont de petits défis pour renforcer notre self-control.

Les stoïciens avaient diverses techniques pour travailler leur maîtrise de soi. Ils recommandaient par exemple de s'imposer volontairement des privations : manger moins, dormir par terre, se passer de certains conforts.

En supportant patiemment ces petites épreuves, on devient capable d'affronter ensuite les vraies difficultés de l'existence avec courage et sans se plaindre. On a appris à se dominer soi-même.

Méditer aussi sur la brièveté de la vie aide à relativiser nos tracas quotidiens. Rappelons-nous chaque jour que notre temps est compté pour ne pas le gâcher dans des futilités. Apprenons à focaliser notre énergie sur l'essentiel.

Les stoïciens avaient également une technique-clé : l'exercice du regard intérieur. Il s'agit de s'isoler quelques minutes et d'imaginer qu'on regarde sa propre vie de l'extérieur. On se voit interagir avec les autres, réagir à divers événements.

Cet effort d'objectivation aide à prendre du recul sur nos fonctionnements. On repère mieux nos automatismes, nos excès. C'est un outil précieux pour renforcer notre maîtrise de nous-mêmes, en complément de l'attention quotidienne.

Bien sûr, être pleinement maître de soi en toute circonstance est un idéal difficile à atteindre. L'essentiel est de progresser pas à pas sur ce chemin exigeant. Chaque petit effort compte.

Cultiver notre self-control présente de nombreux bénéfices. Cela nous aide à trouver la sérénité intérieure, en ne dépendant plus autant des événements extérieurs et de nos émotions incontrôlées.

Mieux se maîtriser permet aussi de se concentrer sur l'essentiel et de mener une vie plus sensée, guidée par la raison et la vertu. On peut alors goûter un bonheur authentique, qui ne dépend plus des aléas de l'existence.

Et quand les coups durs de la vie surviennent malgré tout, on est capable de les affronter avec courage, sans se laisser abattre. Car notre sérénité repose désormais sur un solide fondement intérieur.

Ainsi, chacun peut trouver dans la philosophie stoïcienne des outils précieux pour avancer sur le chemin de la maîtrise de soi. N'hésitez pas à tester ces techniques et ces exercices inspirants.

Ils vous aideront petit à petit à devenir plus serein et à goûter un bonheur qui ne dépendra plus des événements extérieurs. Vous deviendrez progressivement le pilote de votre propre vie, choisissant la direction à suivre en toutes circonstances. La route peut sembler longue, mais le jeu en vaut la chandelle. La maîtrise de soi stoïcienne est un art de vivre exigeant, mais tellement libérateur.

Bien sûr, développer sa maîtrise de soi ne signifie pas se renfermer sur soi-même et dédaigner autrui. Au contraire, les Stoïciens insistaient beaucoup sur les devoirs envers les autres humains.

Ils considèrent que nous faisons tous partie d'une même communauté et que nous sommes liés par une fraternité profonde. Le sage doit donc tout autant travailler à bien se conduire avec les autres.

Cela commence par éviter de leur nuire par nos paroles ou nos actes, même involontairement. Réfléchissons avant de parler ou d'agir pour ne pas blesser par mégarde. Soyons toujours bienveillants dans nos interactions.

Cultivons également la vertu de justice envers autrui. Traitons les autres avec équité, sans favoritisme. Respectons leurs droits fondamentaux. Refusons toute forme de discrimination ou d'intolérance.

Le stoïcien cherche aussi à comprendre ceux qui lui sont opposés, avant de les juger. Même nos « ennemis » méritent notre empathie. Comprenons les motifs de leurs actes avant de les condamner.

La maîtrise de soi doit s'appliquer à notre façon d'écouter autrui. Ne l'interrompons pas, ne cherchons pas à imposer nos vues. Accueillons ses paroles avec patience et humilité.

Soyons reconnaissants envers tous ceux qui contribuent au bien commun par leur travail. Remercions sincèrement nos enseignants, nos éboueurs, nos agriculteurs... Chacun joue un rôle utile.

Enfin, dans la mesure de nos moyens, agissons pour plus de justice sociale. Aidons ceux qui sont dans le besoin, soutenons les opprimés. Même de petits gestes comptent pour améliorer le monde.

Ainsi, la sagesse stoïcienne nous pousse à la maîtrise de soi non par égoïsme, mais pour mieux vivre en harmonie avec les autres. Celui qui se domine lui-même est plus à même d'être attentif à autrui.

Bien sûr, personne n'atteint la perfection dans ses relations aux autres. Là encore, l'essentiel est de progresser pas à pas, en essayant chaque jour d'être un peu meilleur qu'hier.

Petit à petit, en cultivant à la fois notre self-control et notre compassion envers le prochain, nous pouvons espérer approcher l'idéal stoïcien de sagesse.

La maîtrise de soi est ainsi indissociable de l'altruisme pour les philosophes antiques. L'une ne va pas sans l'autre sur le chemin menant à une existence épanouie et vertueuse.

Alors n'oublions jamais cet aspect fondamental dans notre quête personnelle de sérénité. Le bonheur stoïcien est autant tourné vers soi-même que vers les autres.

Bien sûr, au-delà de la théorie, la mise en pratique concrète de ces préceptes stoïciens peut sembler difficile au quotidien. Comment garder son calme et sa vertu en toutes circonstances, face à l'agitation du monde ?

Heureusement, les philosophes stoïciens nous ont transmis diverses techniques et exercices pratiques pour nous aider à progresser. En voici quelques-uns parmi les plus utiles.

Tout d'abord, l'exercice du regard intérieur, évoqué précédemment. Prenez quelques minutes dans la journée pour vous isoler et vous observer vous-même en imagination, comme si vous regardiez votre propre vie de l'extérieur. Cette prise de recul aide à mieux vous connaître et à renforcer votre self-control.

Autre outil clef : la méditation stoïcienne. Il s'agit de prendre le temps de respirer calmement, de faire le vide dans son esprit et de se recentrer sur l'instant présent. Cet entraînement quotidien de concentration apporte paix intérieure et réduit l'emprise des passions.

Comme nous avons déjà pu le voir, les stoïciens recommandaient également la « praemeditatio malorum », que l'on peut traduire par « méditation sur les maux à venir ». Il s'agit d'imaginer les pires scénarios possibles qui pourraient vous arriver, comme la pauvreté, la maladie, la mort d'un proche. En les envisageant froidement à l'avance, vous vous préparez à les affronter avec sagesse le moment venu.

Répétez-vous aussi régulièrement les maximes fondamentales du stoïcisme, par exemple : « Le bonheur dépend de moi, non des autres », « Je contrôle mes pensées, non les événements ». L'ancrage de ces phrases clefs guide vos actions.

Enfin, testez-vous par de petits défis volontaires. Supportez avec patience la faim, le froid, la fatigue. Imposez-vous des tâches ingrates sans vous plaindre. En vous entraînant ainsi, vous renforcez votre maîtrise de vous-même.

Bien sûr, incarner l'idéal du sage Stoïcien serein en toutes circonstances est impossible. Mais vous pouvez tendre vers cet horizon et vous rapprocher un peu plus chaque jour de la philosophie stoïcienne. Misez sur la régularité dans ces exercices pour progresser sur ce chemin exigeant, mais tellement libérateur.

Chapitre 2
Contes philosophiques pour l'âge mûr

Dans cette section de récits allégoriques inspirés de la philosophie stoïcienne antique. Le stoïcisme propose une sagesse de vie qui a traversé les âges et reste pertinente aujourd'hui.

À travers ces histoires métaphoriques, nous explorerons certains des grands thèmes qui ont fait la force et la pérennité de cette école de pensée intemporelle. Le stoïcisme peut nous offrir des outils précieux pour donner plus de sens et de sérénité à notre existence, en cultivant notamment quatre valeurs clefs :

- La maîtrise de soi
- L'acceptation sereine de ce que nous ne pouvons pas changer
- La quête de la vertu et de la justice
- Le détachement des désirs matériels

Bien sûr, il ne s'agit pas de suivre le Stoïcisme comme un dogme rigide. Ces récits ont plutôt pour objectif de nourrir notre réflexion personnelle sur certains aspects essentiels de l'existence. À chacun ensuite de puiser dans cette tradition millénaire la sagesse adaptée à sa propre vie.

Abordez donc ces lectures comme des invitations au voyage intérieur, à la rêverie philosophique. Laissez-vous porter par ces histoires qui confrontent les protagonistes à des dilemmes moraux universels. Saisissez l'écho entre leur quête et vos propres questionnements.

J'espère que ces contes sauront vous accompagner avec justesse dans votre cheminement vers plus de sérénité. Qu'ils soient pour vous une pause salutaire dans l'agitation du monde, un moment de relancé à la sagesse intemporelle.

Je vous souhaite une belle découverte de cet héritage stoïcien sous forme narrative. Puissiez-vous en tirer quelque enseignement précieux pour votre existence. Le reste dépend de vous...

2.1. Conte 1 : Les sentiers du philosophe et la quête de la tranquillité

Il était une fois, dans un royaume lointain, un jeune garçon prénommé Lucius qui rêvait de devenir philosophe. Depuis tout petit, il était fasciné par les grandes questions sur le sens de la vie, le bonheur, la sagesse.

Lucius passait des heures à lire les écrits des penseurs célèbres dans la bibliothèque du château de son père. Parmi eux, ceux des philosophes stoïciens l'inspiraient particulièrement. Le stoïcisme était né en Grèce antique et enseignait l'art de vivre selon la raison, en maîtrisant ses passions.

Un jour, Lucius décida qu'il était temps pour lui de partir à la recherche de la sagesse stoïcienne. Il quitta le confort du château et se mit en route vers les montagnes où vivaient, disait-on, d'étranges ermites stoïciens. Ces derniers connaissaient, paraît-il, le secret du bonheur et de la tranquillité intérieure.

Après quelques jours de marche, Lucius arriva au pied des montagnes. Un petit sentier serpentait à flanc de falaise. L'air était pur, le soleil brillait. On entendait seulement le chant des oiseaux et le murmure d'un ruisseau. Lucius commença à gravir le chemin escarpé d'un pas décidé.

Au détour d'un virage, le sentier bifurqua soudain en deux directions. Lucius hésita. Ces deux voies avaient l'air aussi pentues et caillouteuses l'une que l'autre. Laquelle choisir ? Il remarqua alors un panneau indicatif en bois érodé, avec une inscription mystérieuse : « Prends le chemin le moins confortable ».

Intrigué, Lucius décida de suivre ce conseil stoïcien. Il s'engagea sur le sentier de gauche, encore plus raide et accidenté. La montée devenait de plus en plus ardue. Lucius trébuchait souvent sur les pierres, s'écorchait les mains. Il suait, avait soif et faim.

Mais il continua avec courage, car il pressentait confusément que ce dur apprentissage faisait partie de sa quête philosophique. En surmontant patiemment tous ces obstacles, Lucius renforçait sa volonté et sa résistance.

Au crépuscule, exténué mais heureux, il atteignit un plateau où se dressait une cabane de pierres. Une petite lampe à huile brillait à la fenêtre dans la nuit tombante. Lucius frappa timidement à la porte. Un

vieil homme à la longue barbe blanche lui ouvrit avec un sourire
bienveillant.

« Entre, mon enfant ». Je suis Néron, l'ermite stoïcien. « Je t'attendais »,
dit le vieil homme. Lucius pénétra dans l'humble chaumière. Un feu
ronflait dans l'âtre, répandant une douce chaleur. Sur une table en bois
étaient posés une miche de pain noir et un bol de légumes.

« Assieds-toi et reprends des forces », dit Néron. Lucius mangea avec
appétit le frugal repas, puis s'endormit, épuisé par son ascension. Sa
quête ne faisait que commencer...

Dès l'aube, Néron réveilla Lucius. Après une toilette à l'eau glacée du
torrent, ils prirent un maigre déjeuner, puis l'ermite annonça : « Il est
temps pour toi de poursuivre ton chemin. » La cabane du deuxième
ermite philosophe se trouve de l'autre côté de la montagne. Pour
l'atteindre, tu devras cette heure prendre le chemin le plus facile.
N'oublie pas : choisis toujours le sentier qui te semble le meilleur, même
s'il est le plus malcommode. C'est ainsi que tu progresseras vers la
sagesse et la tranquillité intérieure.

Lucius remercia Néron pour son hospitalité et se remit en route d'un bon
pas. Après quelques heures d'une marche facile sur un agréable sentier
ombragé, Lucius arriva à un nouvel embranchement avec le même
panneau énigmatique : « Prends le chemin le plus confortable ».

Fidèle aux enseignements stoïciens, Lucius prit cette fois le sentier
abrupt qui serpentait en lacets vertigineux le long des falaises. La
progression est très périlleuse. À tout moment, Lucius risquait de

glisser sur les éboulis et de tomber dans le vide. Il lui fallait avancer avec prudence, en contrôlant sa peur du vertige.

Mais notre héros ne renonça point. Il persévéra malgré les dangers et finit par arriver sain et sauf de l'autre côté de la montagne. La nuit commençait à tomber lorsqu'il aperçut la lampe allumée d'une nouvelle cabane de pierres.

Le deuxième ermite s'appelait Diogène. C'était un petit homme maigre au crâne chauve, vêtu d'une simple toge. Il accueillit chaleureusement Lucius et partagea avec lui son repas frugal aux légumes et aux fruits sauvages. Puis Lucius s'endormit sur une paillasse près du feu, bercé par le crépitement des flammes.

L'apprentissage de Lucius auprès de Diogène dura plusieurs semaines. Chaque jour, l'ermite lui enseignait un nouvel aspect de la Sagesse stoïcienne. Il lui montra comment maîtriser ses passions par la raison, accepter le destin avec sérénité, se contenter de peu en renonçant aux désirs futiles.

Parfois, Diogène soumettait aussi Lucius à de rudes épreuves pour renforcer son endurance et sa force d'âme. Il devait alors supporter sans broncher la faim, le froid, la fatigue. Grâce à cette dure discipline stoïcienne, Lucius devint peu à peu plus résistant et plus calme intérieurement.

Vint le jour où Diogène annonça à Lucius qu'il était temps pour lui de partir vers la cabane du troisième ermite, de l'autre côté de la vallée. «

N'oublie pas, mon garçon : choisis toujours la voie qui te paraît juste, même si elle est la plus escarpée », dit le sage en guise d'adieu.

Lucius descendit de la montagne et traversa la luxuriante vallée verdoyante. Il franchit ensuite un col étroit entre deux pics rocheux avant d'arriver à un nouvel embranchement. Fidèle à son guide philosophique intérieur, Lucius prit le sentier abrupt, escaladant la paroi, malgré son vertige.

Parvenu au sommet, il aperçut au loin la lampe allumée de la troisième cabane, posée sur un haut plateau battu par les vents. Plusieurs heures durant, Lucius avança péniblement dans cette atmosphère raréfiée, glissant souvent sur les cailloux. L'air était glacial et le sifflement du vent lugubre.

Épuisé mais tenace, le jeune garçon finit par atteindre le seuil de la chaumière. La porte s'ouvrit sur un homme à la barbe noire en bataille et au regard perçant. « Je suis Zenon », dit l'ermite d'une voix grave. « Entre vite, te réchauffe ».

À l'intérieur, un feu ronflait dans la cheminée, répandant une chaleur bienvenue. Zenon offrit une épaisse couverture à Lucius pour le réconforter de sa rude ascension. Puis il lui servit un bol de soupe fumante aux légumes qu'ils dégustèrent en silence, écoutant le mugissement du vent.

Le séjour de Lucius auprès de Zenon dura de longs mois. L'ermite était un maître exigeant, soumettant son disciple à des épreuves toujours plus difficiles. Tantôt, il l'envoyait méditer des heures durant sous une cascade glacée pour renforcer sa résistance.

Tantôt, il lui imposait le jeûne et la méditation silencieuse pendant des jours entiers dans une grotte obscure. Grâce à ces rudes exercices stoïciens, Lucius apprit à mieux se maîtriser, à rester imperturbable malgré les pires épreuves. Il sentait sa volonté de se fortifier et gagnait en sérénité intérieure.

Un matin de printemps, Zenon annonça à Lucius que sa formation touchait à sa fin. « Il est temps pour toi de découvrir par toi-même la voie de la sagesse, sans guide ». Pars maintenant vers la forêt et laisse ton cœur te mener jusqu'à ta destination. »

Ému mais confiant, Lucius prit congé de l'ermite et s'enfonça dans la forêt. Il marcha tout le jour sans croiser une âme qui vive, s'en remettant à son intuition pour tracer son chemin. Au coucher du soleil, il arriva dans une clairière tranquille au centre de laquelle se dressait une cabane de pierre envahie par le lierre.

En s'approchant, Lucius constate que la maisonnette semblait inhabitée depuis des années. Poussé par la curiosité, il poussa la vieille porte grinçante qui s'ouvrit en un nuage de poussière. À l'intérieur, tout était sens dessus dessous, abandonné à la hâte.

Soudain, sous une pile de vieux parchemins, Lucius aperçut un petit livre à la couverture de cuir. Il le ramassa délicatement et l'ouvrit. C'était un manuscrit très ancien intitulé « Le manuel du philosophe stoïcien ». Le jeune garçon se mit aussitôt à le lire avec avidité.

La nuit était tombée lorsque Lucius referma le précieux manuel. Ces pages contenaient toute la sagesse qu'il était venu chercher dans son voyage initiatique. Grâce aux Ermites stoïciens, Lucius avait acquis la force d'âme nécessaire pour assimiler ces enseignements. Il se sentait prêt à rentrer chez lui et à vivre en philosophe.

Lucius quitta la cabane, le cœur en paix. Au matin, il entama le chemin du retour, contemplant avec sérénité les majestueuses montagnes qui l'avaient tant transformé. Il aspirait désormais à une vie simple, guidée par la raison et la vertu.

De retour au château paternel, Lucius fut accueilli avec joie. Son père le trouva changé, plus mûr et serein. Dès lors, le jeune philosophe stoïcien mena une existence studieuse dans la bibliothèque du château, appliquant la sagesse antique apprise durant son voyage initiatique.

Il avait compris que le bonheur ne dépend pas des richesses ou du statut social, mais de notre propre maîtrise de nous-mêmes. En suivant la voie de la vertu avec constance, il goûtait désormais une tranquillité intérieure que nul ne pouvait lui ravir.

Ainsi s'achevait le voyage de Lucius sur les sentiers du philosophe à la recherche de la sagesse stoïcienne. Grâce à sa quête implacable, il avait trouvé en lui la force d'âme nécessaire pour accéder à une vie de sérénité, en harmonie avec la nature et sa propre nature profonde.

Son exemple nous rappelle que chacun porte en soi la potentialité de devenir philosophe à sa mesure, en cultivant sans relâche les vertus stoïciennes de courage, de tempérance et de sagesse. Si nous aussi nous ouvrons notre cœur à cette sagesse millénaire, alors nous trouverons le chemin qui mène à la tranquillité intérieure.

2.2 Conte 2 : L'épreuve du courage dans la vie adulte

Il était une fois, dans un petit village paisible, un jeune homme prénommé Marc qui menait une existence insouciante. Du haut de ses dix-huit ans, il passait ses journées à se promener dans les bois avec son chien, à pêcher au bord de la rivière ou à discuter avec les anciens sur la place du village.

Marc n'avait pas de grandes ambitions, juste profiter de sa jeunesse en vivant simplement au jour le jour. Seul son père Atticus, le forgeron, s'inquiétait parfois de voir son fils oisif rêvassant sa vie au lieu d'apprendre un métier sérieux.

Mais tout bascula le jour où Atticus tomba gravement malade. Sur son lit de mort, il fit promettre à Marc de quitter le village pour aller apprendre la philosophie stoïcienne dans une grande ville lointaine. Les stoïciens étaient réputés pour leur sagesse, leur courage et leur maîtrise d'eux-mêmes.

Bouleversé mais résolu, Marc fit ses adieux à sa mère et à ses amis d'enfance. Puis il se mit en route vers la prestigieuse académie stoïcienne située de l'autre côté des montagnes. Là-bas, il pourrait enfin devenir un homme sage et courageux, selon la dernière volonté de son père.

Après plusieurs semaines d'un périlleux voyage, Marc arriva dans la cité aux célèbres murailles rouges où se trouvait l'académie stoïcienne. Le jeune homme timide se présenta à l'imposant portail de bronze.

On le conduisit aussitôt dans le bureau du maître philosophe, un homme âgé à la barbe blanche et au regard perçant. « Bienvenue Marc. » Je suis Ariston et je serai ton guide sur la voie de la sagesse stoïcienne. « Es-tu prêt à commencer ton initiation ? »

On attribua à Marc une petite cellule spartiate pour dormir, contenant un lit, une table et une cruche d'eau. Dès le lendemain, commença son apprentissage. La journée était rythmée par les enseignements du maître et par de nombreuses heures d'étude personnelle à la bibliothèque.

Marc apprit les grands principes stoïciens : maîtriser ses passions par la raison, accepter son destin avec sérénité, trouver le bonheur dans la vertu plutôt que dans les luxures futiles. Mais sa soif de connaissance resta insatiable !

Vint le jour où Ariston convoqua Marc dans son bureau. « Mon jeune ami, tu as beaucoup progressé dans ta compréhension de notre philosophie ». Mais il te reste une étape clef à franchir pour devenir un vrai stoïcien : réussir l'épreuve du courage. « Es-tu prêt à la tenter ? »

Bien que terrifié, Marc accepta, désirant plus que tout devenir aussi brave et sage que les philosophes qu'il admirait. Dès l'aube, on le conduisit à l'entrée d'une sombre forêt hantée où nul n'osait s'aventurer la nuit.

Ariston lui expliqua : « Pour réussir l'épreuve, tu devras traverser cette forêt et rapporter une pierre de l'ancien dolmen qui se trouve de l'autre côté ». N'oublie pas : quoiqu'il arrive, garde ton calme et suis les enseignements stoïciens. Le courage n'est pas l'absence de peur, mais la capacité à la maîtriser. « Pars à présent et que la fortune soit avec toi ! »

Le cœur battant, mais déterminé, Marc s'enfonça sous les arbres noirs et tordus. Très vite, d'inquiétants murmures s'élevèrent autour de lui. La brume se fit plus épaisse, obscurcissant le chemin. Mais Marc poursuivit sa route en respirant calmement, comme le lui avait appris Ariston.

Soudain, une silhouette fantomatique apparut devant lui en hurlant : « Rends-toi ! La forêt sera ton tombeau à jamais ! Mais Marc rappela en lui le courage légendaire du héros stoïcien Ulysse. Redressant les épaules, il traversa le spectre sans trembler avant de poursuivre sa route.

Plus loin, d'énormes araignées velues dévalèrent des arbres en sifflant pour lui barrer la route. Marc sentit un frisson d'horreur lui parcourir l'échine. Mais il se remémora les paroles du maître : « La peur est normale, c'est la capacité à la surmonter qui définit le courage ».

Brandissant un solide bâton, Marc dispersa d'un air menaçant les immondes créatures. Libéré de leur obstruction, il continua d'un pas vif son chemin à travers les fourrés sombres. Plus que jamais déterminé à réussir l'épreuve.

Tout à coup, le sol se déroba sous ses pieds ! Marc se retrouva au fond d'un profond ravin, le corps endolori par la chute. Mais il refusa de céder au découragement. Patiemment, en s'aidant de racines et de prises dans la paroi, il remonta sous les trombes d'eau glacée qui dévalaient les pentes.

Fourbu mais sauf, Marc reprit sa lente progression à travers les marécages gluants. Le vent lugubre agitait les squelettes d'arbres morts tout autour de lui. Mais le jeune homme restait concentré sur son objectif, avançant prudemment dans la vase en contrôlant sa respiration.

Soudain, un rugissement féroce déchira le silence oppressant ! Un énorme sanglier fonçait droit sur Marc, les défenses menaçantes... Paralysé par la peur, Marc trébucha et se retrouva à terre, à la merci de la bête furieuse.

Mais au dernier moment, les enseignements stoïciens lui revinrent en mémoire : garder son calme pour surmonter sa peur et agir avec sagesse. Marc roula habilement sur le côté pour esquiver la charge du sanglier. Puis, d'un geste précis, il assomma la bête avec une grosse branche noueuse.

Titubant, mais indemne, Marc poursuivit sa route avec l'énergie du désespoir. Au loin, à travers les troncs, il finit par apercevoir la clarté tant attendue : il avait atteint l'orée de la forêt maléfique !

Dans un dernier effort, le courageux Marc émergea enfin de l'obscurité oppressante. Sous le ciel étoilé, il tomba à genoux dans l'herbe humide, submergé par l'émotion d'avoir survécu à cette terrible épreuve.

Mais sa quête n'était pas terminée. Devant lui se dressait le mystérieux dolmen, tel un portail de pierres massives fiché au sommet d'une colline. Puisant dans ses dernières forces, Marc escalada la pente abrupte.

Arrivé devant le mégalithe impressionnant, il accomplit le geste rituel en posant sa main sur la pierre centrale. À cet instant, Marc ressentit une profonde sérénité l'envahir. Il avait réussi l'épreuve du courage et était devenu un vrai philosophe stoïcien !

De retour à l'académie, le maître Ariston félicita chaleureusement Marc pour son courage et sa maîtrise de soi. Désormais membre à part entière de la confrérie stoïcienne, Marc pouvait enseigner à son tour les principes de sagesse et de vertu de cette noble philosophie.

Fort de cette initiation, Marc décida de parcourir le monde pour répandre la philosophie stoïcienne. Malgré les dangers et les épreuves, il restait un guide avisé, affrontant tous les défis avec bravoure. Son exemple inspira de nombreuses personnes en quête de sens.

Ainsi, en surmontant ses peurs, Marc était devenu un homme courageux, maître de lui-même. Son aventure dans la forêt hantée lui avait révélé sa force intérieure. Grâce à son initiation stoïcienne, il pouvait désormais mener une vie sensée, guidée par la sagesse antique.

Cette histoire nous enseigne que le courage s'acquiert en relevant des défis, non pour la gloire, mais pour devenir meilleur. La philosophie stoïcienne reste une boussole utile pour affronter les épreuves de l'existence et rester debout, même dans la tempête. Puissent les valeurs de ce conte héroïque vous guider à votre tour sur le chemin de la vie.

2.3 Conte 3 : Les vagues émotionnelles et la quiétude intérieure

Il était une fois un petit village paisible niché au creux d'une vallée verdoyante. Ses habitants y menaient une existence simple et heureuse, cultivant leurs champs et élevant leurs animaux sans se soucier du lendemain. Seul le sage du village, maître Tao, enseignait à ses disciples le moyen d'atteindre la quiétude intérieure.

Parmi eux se trouvait Yu, un jeune garçon sensible et studieux, mais trop souvent submergé par ses émotions. Tantôt plongé dans une joie intense quand il aidait à la moisson, tantôt accablé de tristesse lorsque son grand-père fut malade.

Maître Tao lui expliqua : « Mon enfant, il est normal de ressentir des émotions qui nous submergent comme de grandes vagues ». Mais le sage sait garder en lui un fond de quiétude, comme les profondeurs de l'océan restent calmes malgré la tempête à la surface. « Je vais t'enseigner cet art difficile. »

Le lendemain, maître Tao emmena Yu faire une promenade en barque sur le lac. Il lui dit : « Observe comme le lac est paisible ce matin. » C'est l'image de l'esprit serein du Sage. Mais bientôt, le vent va se lever et agiter de rides la surface de l'eau, comme nos émotions troublent notre âme. Cependant, plonge au fond de toi-même et tu y trouveras toujours la quiétude.

Comme prédit, le vent se mit soudain à souffler et de grandes vagues secouèrent la barque. Prit de peur, Yu s'accrocha au bateau, le cœur battant. Mais maître Tao resta parfaitement immobile et serein, les yeux clos. Malgré la tempête extérieure, il conservait sa paix intérieure.

Yu comprit alors ce que son mentor cherchait à lui enseigner. L'esprit du sage est comme l'océan : la surface peut être agitée, mais les profondeurs restent inébranlablement calmes. En apprenant à retrouver ce fond de quiétude en lui, Yu parviendrait à surmonter toutes les tempêtes émotionnelles.

Dès lors, maître Tao lui enseigna des exercices spirituels pour l'aider dans cette tâche. Tout d'abord, la méditation silencieuse chaque matin, qui permettait à Yu de se centrer sur lui-même et d'accéder à un état de paix intérieure.

Le mentor lui apprit aussi à pratiquer la pleine conscience dans ses gestes quotidiens, comme balayer la cour ou laver les légumes. En se concentrant totalement sur l'instant présent, YU oubliait ses soucis et trouvait la sérénité.

Maître Tao l'entraîna également par des exercices pour contrôler sa respiration. Quand Yu sentait une émotion violente monter en lui, quelques respirations profondes suffisaient à l'apaiser, comme les vagues s'apaisent après la tempête.

Mais un jour, un événement tragique faillit détruire la quiétude intérieure si durement acquise par Yu. Un terrible incendie se déclara dans le village, ravageant les récoltes et les maisons. Face à ce désastre, Yu fut submergé par le désespoir.

Tout est perdu ! Comment retrouver le calme après un tel malheur ? » S'écria le jeune garçon en pleurant. Mais Maître Tao posa une main réconfortante sur son épaule et dit d'une voix apaisante : « Mon ami, c'est précisément dans l'adversité que la force de l'esprit est mise à l'épreuve. » Regarde au fond de toi-même et tu y trouveras la paix.

Fermant les yeux, Yu se concentra sur sa respiration jusqu'à ce que les vagues tumultueuses de son chagrin se calment peu à peu. En plongeant au plus profond de lui-même, il retrouva cette sérénité que rien ne pouvait détruire.

Alors Yu rouvrit les yeux, l'esprit apaisé. Maître Tao lui sourit avec bienveillance et déclara : « Tu viens de franchir une étape décisive sur la voie de la sagesse, mon jeune disciple. » Même dans la pire des tempêtes, tu as su conserver ton havre de paix intérieure. Tu es désormais un sage.

Malgré les terribles épreuves, Yu et les villageois trouvèrent la force de rebâtir leur village. Dans les moments difficiles, YU leur enseignait les exercices spirituels transmis par son maître pour retrouver la quiétude. Son exemple de sagesse et de courage était un réconfort pour tous.

Ainsi, année après année, le jeune Yu devint un guide avisé, aidant ses compagnons à traverser les orages de la vie sans perdre leur sérénité intérieure. Même lorsque vint pour lui l'heure de la mort, il s'éteignit paisiblement, un sourire apaisé sur le visage.

Cette histoire nous montre que chacun porte en soi un fond de quiétude inaltérable, comme les profondeurs de l'océan. Si nous apprenons à plonger au cœur de nous-mêmes dans les moments difficiles, nous y trouverons un havre de paix. Alors, que les tempêtes de l'existence ne vous empêchent jamais de rester ancrés dans votre sérénité intérieure. Cultivez cette force d'âme et vous deviendrez à votre tour un sage.

Chapitre 3
Pratiquer la pleine conscience au quotidien

Dans ce chapitre consacré à un exercice spirituel cher aux philosophes stoïciens : la pleine conscience. Cette pratique ancestrale connait aujourd'hui un regain d'intérêt, car elle peut nous aider à trouver la sérénité intérieure et à mieux savourer l'instant présent.

Le stoïcisme recommande la pleine conscience pour rester concentré sur le moment actuel, plutôt que de ressasser inutilement le passé ou de s'inquiéter pour l'avenir. Cet entraînement quotidien permet de maîtriser ses pensées et de goûter le calme même dans l'adversité.

Concrètement, qu'est-ce que la pleine conscience ? C'est le fait de porter son attention, délibérément et sans jugement, sur ce qui se passe dans l'instant. On observe ses sensations physiques, ses émotions, ses pensées fugaces, sans s'y attacher, ni les contrôler. On accueille simplement le présent tel qu'il est.

Cet état de vigilance calme et détachée peut s'obtenir aussi bien pendant la méditation assise que dans les activités de la vie quotidienne. Par exemple, on peut pratiquer la pleine conscience en marchant, en lavant la vaisselle ou la cuisine, en prenant une douche, etc.

L'idée est de rester pleinement concentré sur chaque action que l'on fait, sur les perceptions et les sensations qui l'accompagnent. Tout en maintenant une attitude d'acceptation sereine de l'instant tel qu'il se déploie.

Cet ancrage dans le présent recèle de nombreux bienfaits. La pleine conscience apaise le mental, souvent agité par mille pensées parasites. Elle permet de savourer davantage les joies simples de l'existence, plutôt que de vivre dans le passé ou le futur.

Elle offre aussi une paix intérieure qui ne dépend plus des aléas extérieurs. Quoi qu'il arrive, on reste calmement centré sur l'instant. Rien ne peut plus vraiment nous atteindre ou nous perturber.

Enfin, vivre en pleine conscience renforce notre concentration. Focalisé sur l'action présente, on est moins distrait et on use mieux de son mental. Toute tâche, même anodine, est l'occasion de cet entraînement.

Dans ce chapitre, nous découvrirons donc des exercices concrets pour introduire la pleine conscience dans votre vie quotidienne. Vous verrez, il s'agit de petits changements subtils dans notre manière d'habiter chaque instant. Des outils simples mais puissants.

Bien sûr, il faut de la patience et de la régularité pour récolter tous les fruits de cette pratique. Mais vous constaterez rapidement ses bienfaits apaisants. Votre regard sur l'existence se trouvera peu à peu transformé.

Voilà pour ce bref aperçu introduisant le thème de la pleine conscience selon la tradition stoïcienne. Où que vous en soyez dans votre cheminement personnel, vous trouverez dans les pages qui suivent matière à réflexion.

Je vous souhaite de belles découvertes sur la voie d'une vie plus attentive et sereine. Puissiez-vous goûter la saveur de chaque instant et trouver la paix dans le plaisir simple d'être.

3.1 Exercices de pleine conscience adaptés à la vie adulte

La pleine conscience, ou « attention juste au moment présent », était une pratique clef des philosophes stoïciens dans leur recherche de la sérénité. Redécouverte aujourd'hui, elle recèle de nombreux bienfaits applicables à notre vie moderne parfois trépidante. Voici quelques exercices inspirés de cette tradition antique pour cultiver votre pleine conscience au quotidien.

La pleine conscience en marchant

Marchez lentement, en portant votre attention sur les sensations que vous procure la marche. Observez le mouvement de vos jambes, de vos pieds qui se posent l'un après l'autre sur le sol. Ressentez les appuis, le balancement de votre corps. Concentrez-vous simplement sur l'action de marcher. Si des pensées surgissent, laissez-les passer sans y prêter attention. Recentrez-vous avec douceur sur votre démarche. Vous pouvez pratiquer cet exercice n'importe où : dans la rue, dans la nature, chez vous en tournant en rond dans une pièce.

La pleine conscience sous la douche

Pendant que vous vous lavez, portez toute votre attention sur les sensations que vous éprouvez. L'eau chaude qui coule sur votre peau, son contact, sa température... Les effluves de votre savon, de votre shampoing. Observez chaque sensation, chaque geste pour vous laver, sans penser à autre chose. Vous pouvez faire de même en vous brossant les dents, en vous rasant, en vous séchant. Tâchez d'être pleinement présent à ce que vous faites.

La pleine conscience en mangeant

Asseyez-vous confortablement. Prenez un aliment dans votre assiette. Observez-le attentivement avant de le porter à votre bouche : sa forme, sa couleur, son odeur. Puis, au moment de manger, mastiquez lentement en étant attentif aux sensations en bouche : les saveurs qui éclatent sur votre langue, la texture de l'aliment... Avalez consciemment. Vous pouvez fermer les yeux pour mieux vous centrer sur toutes les perceptions gustatives. Restez pleinement focalisé sur chaque bouchée.

La pleine conscience en respirant

Trouvez une position stable et droite (assis ou debout). Fermez les yeux. Portez votre attention sur votre respiration, sur l'air qui entre et qui sort de vos narines. Observez votre ventre qui se gonfle à l'inspiration et se dégonfle à l'expiration. Accueillez simplement les sensations de votre souffle, instant après instant, sans chercher à le modifier. Quand votre mental divague, ramenez doucement votre attention sur la respiration.

La pleine conscience dans une activité quotidienne

Choisissez une activité anodine à réaliser avec pleine conscience : laver la vaisselle, changer une ampoule, arroser les plantes... Portez toute votre attention sur chacun de vos gestes. Ressentez l'eau sur vos mains, le poids de l'arrosoir, observez vos mouvements. Soyez pleinement concentré sur l'action, comme si c'était la chose la plus importante au monde. Faites-la lentement, en pleine conscience du présent.

La pleine conscience dans la nature

Installez-vous dans un endroit calme au contact de la nature. Fermez les yeux et portez votre attention sur ce que vous percevez. Le chant des oiseaux, le bruit du vent dans les arbres, la chaleur du soleil sur votre peau... Plongez dans l'écoute de tous ces sons de la nature qui vous entoure. Laissez-les résonner en vous sans les analyser. Ouvrez les yeux et observez la beauté des couleurs qui s'offrent à votre regard. Contemplez la nature qui foisonne devant vous, connectez-vous à sa présence.

Le scan corporel

Allongez-vous ou asseyez-vous confortablement, les yeux fermés. Portez votre attention sur les sensations dans votre corps, des pieds jusqu'à la tête. Observez sans juger toutes les perceptions, agréables ou désagréables. Puis déplacez votre attention sur vos mollets, vos cuisses. Remontez ainsi progressivement jusqu'au sommet du crâne en passant par chaque partie de votre corps. Accueillez ce qui est, sans vouloir changer ces sensations.

L'ancrage sur le souffle

Lorsque vous vous sentez submergé par vos émotions, recentrez-vous sur votre respiration. Fermez les yeux, posez une main sur votre ventre et sentez-le gonfler puis se dégonfler lentement. Comptez vos inspirations et vos expirations. Ancrez-vous dans cette sensation de va-et-vient de votre souffle. Faites quelques respirations profondes jusqu'à retrouver votre calme intérieur.

La pleine conscience au réveil

Le matin, prenez quelques minutes avant même de sortir du lit. Restez allongé et portez votre attention sur les sensations présentes : la douceur des draps, la lumière naissante, les bruits de la maison qui s'éveille. Observez votre état intérieur, respirez profondément. Connectez-vous pleinement à l'instant présent, à votre corps reposé qui se réveille doucement.

Pleine conscience de l'instant

À différents moments de la journée, prenez une minute pour vous arrêter et pratiquer la pleine conscience de l'instant. Observez où vous êtes, ce que vous faites. Portez votre attention sur vos sens : 5 choses que vous voyez, 4 choses que vous entendez, 3 choses que vous ressentez, 2 choses que vous sentez, 1 chose que vous goûtez. Replongez dans le présent.

Cultiver sa pleine conscience demande de la régularité. Mais quelques minutes quotidiennes suffisent pour en ressentir les bienfaits et trouver l'apaisement. À vous d'adapter ces exercices à vos envies, de les rendre ludiques. Portez attention à chaque geste, redécouvrez le miracle de l'instant. Votre sérénité intérieure s'en trouvera renforcée.

Pleine conscience des émotions

Lorsqu'une émotion survient, prenez le temps de l'accueillir pleinement au lieu de la refouler. Où la sentez-vous dans votre corps ? Colère dans la poitrine, tristesse dans la gorge Observez les sensations et l'intensité de l'émotion, sans chercher à la modifier, ni à la juger. Respirez profondément pour l'apaiser. Elle finira par refluer naturellement si vous l'observez avec calme.

Pleine conscience et acceptation

En cas de douleur ou de malaise, adoptez une pleine conscience de la sensation désagréable. Observez-la avec curiosité, comme un phénomène naturel qui survient puis disparaît. Respirez calmement, sans vous tendre contre la douleur. Accueillez-la paisiblement tant qu'elle est là, sans vous identifier à elle. Elle passera d'elle-même si vous l'acceptez sereinement.

Pleine conscience en méditant

Asseyez-vous confortablement, fermez les yeux et portez attention à votre souffle. Comptez mentalement vos respirations de 1 à 10, puis recommencez. Quand votre esprit divague, ramenez calmement votre concentration sur votre respiration. Observez sans jugement les pensées qui passent. Méditons 10 à 20 minutes ainsi quotidiennement pour calmer notre mental.

Pleine conscience des pensées

Pendant votre jour, prenez conscience des pensées qui traversent votre esprit. Observez-les avec curiosité et objectivité, comme si elles n'étaient pas les vôtres. Ne suivez pas leur flux, ne les jugez pas. Constatez simplement leur apparition et leur disparition. Cet exercice développe le recul sur notre mental.

Pleine conscience et tâches ingrates

Certaines tâches fastidieuses peuvent se transformer en exercice de pleine conscience ! Laver la vaisselle, tondre la pelouse, nettoyer la maison... Concentrez-vous totalement sur chaque action présente, sans penser à autre chose. Trouvez la beauté dans l'ordinaire. Offrez-vous ce moment de recentrage sur l'instant.

Pratiquer ainsi la pleine conscience dans vos activités nourrira votre sérénité. Vos gestes les plus simples recèleront un pouvoir méditatif insoupçonné. Vous vivrez plus sereinement l'instant, qui est le seul temps dont nous disposons vraiment.

3.2 Conte éclairant les bienfaits de la pleine conscience dans le monde moderne

Léo et la tortue stoïcienne.

Léo était un petit garçon de 10 ans qui habitait dans une grande ville, entouré de ses parents et de ses deux sœurs. Léo adorait jouer dehors avec ses copains, faire du vélo et toutes sortes d'activités.

Un dimanche, sa famille décida d'aller pique-niquer dans un grand parc à la sortie de la ville. Léo était très impatient à l'idée de cette journée en plein air. Il aida ses parents à préparer les sandwiches, le jus de fruits, les chips et les cookies pour emporter dans le panier à pique-nique.

Une fois sur place, Léo courut dans tous les sens pour explorer le parc, sous l'œil attentif de ses parents. Quels arbres immenses ! Et quelles fleurs magnifiques. Léo respirait à pleins poumons cet air si pur, loin de la pollution de la ville.

Soudain, il aperçut près d'un buisson une petite tortue qui marchait lentement. Léo s'approcha, très intrigué. Il n'avait jamais vu de vraie tortue avant, juste dans les livres. Il s'accroupit pour mieux l'observer.

Bonjour toi ! Dit Léo. Je m'appelle Léo, ravi de te rencontrer.

La tortue leva la tête et répondit d'une voix douce :

Bonjour Léo, Je m'appelle Sagesse. Je suis contente de faire ta connaissance.

Léo écarquilla les yeux, ébahi. La tortue parlait.

Tu parles ! S'exclama Léo. Mais tu es magique ! Je n'ai jamais rencontré une tortue qui parle.

Sagesse émit un petit rire.

Je ne suis pas magique, je suis juste très âgée et très sage, d'où mon nom. J'ai beaucoup appris au cours de ma longue vie.

Waouh, tu dois avoir plein de choses à m'apprendre alors ! Dit Léo, très enthousiaste.

En effet, approuva Sagesse. Je peux t'enseigner l'importance de la pleine conscience et de la philosophie stoïcienne si tu le souhaites.

Léo n'avait aucune idée de ce qu'était la pleine conscience ou le stoïcisme, mais il adorait apprendre de nouvelles choses. Il s'assit en tailleur face à Sagesse, très attentif.

La pleine conscience, commença Sagesse, c'est être totalement présent et attentif à l'instant présent. C'est observer ce qui se passe autour de nous et en nous, sans juger. Quand nous mangeons, nous devons savourer chaque bouchée avec tous nos sens. Quand nous marchons, nous devons sentir nos pas sur le sol et le vent sur notre peau.

Léo écoutait, fasciné. Il n'avait jamais vraiment fait attention à toutes ces sensations. Manger un sandwich ou marcher dans le parc lui semblait des activités tellement naturelles qu'il ne prenait pas le temps d'en apprécier chaque détail.

La pleine conscience nous apprend à vivre pleinement chaque instant, poursuivit Sagesse. Elle nous aide à lâcher prise sur les soucis du passé et du futur, pour être totalement présents à l'ici et maintenant. C'est un merveilleux outil pour cultiver le calme intérieur et savourer le bonheur simple des petites choses du quotidien.

C'est génial ! S'exclama Léo. Je vais essayer d'être beaucoup plus attentif à chaque instant.

Excellent, approuva Sagesse. La philosophie stoïcienne peut également t'aider à gagner en sérénité. Les stoïciens considèrent que nous devons accepter calmement ce que nous ne pouvons pas changer, et nous concentrer seulement sur ce qui dépend de nous. Beaucoup de souffrances viennent de nos peurs face à l'avenir et de nos attachements excessifs.

Léo réfléchit un instant.

Je crois que je comprends, dit-il. Par exemple, quand je veux absolument gagner à un jeu avec mes copains et que je suis très déçu si je perds. Ou quand j'ai peur d'un contrôle à l'école et que je stresse à l'avance. Dans ces cas-là, je devrais accepter ce que je ne peux pas contrôler et me concentrer juste sur ce que je peux faire, c'est ça ?

Tu as tout compris ! S'exclama sagesse. Bravo Léo, tu es très sage pour ton âge. N'oublie jamais ces précieux enseignements. Prends le temps de savourer l'instant présent et accepte les choses que tu ne peux pas changer. C'est le secret du bonheur et de la sérénité

Léo remercia chaleureusement Sagesse pour tous ces conseils pleins de sagesse. Il était impatient de mettre en pratique la pleine conscience et la philosophie stoïcienne dans son quotidien.

Justement, Léo entendit sa mère l'appeler pour le pique-nique. Il salua Sagesse et courut rejoindre sa famille. En s'asseyant dans l'herbe, Léo décida de mettre en pratique les leçons de la tortue. Il prit une fraise du panier et la regarda attentivement avant de la porter lentement à sa bouche. Il ferma les yeux et se concentra sur le parfum délicat et acidulé de la fraise, sa texture juteuse, son goût sucré qui emplissait ses papilles. Quel délice ! Léo sourit, conscient comme jamais auparavant des merveilleuses sensations produites par ce simple fruit rouge.

Après le déjeuner, Léo proposa à ses sœurs une partie de football. Lorsqu'il rata un but facile, au lieu de se fâcher comme d'habitude, Léo haussa les épaules et se dit en souriant que ce n'était pas si grave. Il se concentra sur les gestes suivants, au lieu de ruminer cette occasion manquée. Ses sœurs furent agréablement surprises par son fair-play. Le soir venu, au moment de rentrer, Léo aperçut Sagesse derrière son buisson. Il courut la remercier chaleureusement.

Grâce à toi, j'ai passé une merveilleuse journée pleine de petits bonheurs simples auxquels je n'aurais pas fait attention avant, dit Léo. Et tes conseils m'ont beaucoup aidé à garder mon calme dans les moments difficiles. Merci infiniment, Sage Sagesse !

Je suis heureuse que ces enseignements t'aient été utiles, répondit Sagesse. N'oublie jamais que le bonheur réside dans la façon d'apprécier les petites choses de l'existence. Cultive ta sérénité intérieure, et la vie te semblera plus belle que jamais. Porte-toi bien, mon jeune ami.

Léo fit de grands signes d'au revoir à la tortue en quittant le parc. Sur le chemin du retour, il contempla le magnifique coucher de soleil et sourit de bonheur, le cœur en paix.

Morale de l'histoire

Cette histoire montre, à travers le personnage de la Tortue Sagesse, les bienfaits de la pleine conscience et de la philosophie stoïcienne dans le quotidien d'un enfant.

La pleine conscience apprend à Léo à savourer pleinement chaque instant présent, même les plus simples, plutôt que de vivre dans le passé ou le futur. Cela l'aide à goûter le bonheur des petites choses comme une fraise ou une partie de football avec ses sœurs.

La philosophie stoïcienne enseigne à Léo à accepter calmement ce qu'il ne peut pas contrôler, comme de rater un but au football, plutôt que de se mettre en colère. Elle l'encourage aussi à se concentrer sur ce qui dépend de lui, comme bien jouer son prochain tir, plutôt que de ruminer ce qui est arrivé.

Grâce à ces enseignements, Léo gagne en sérénité et apprend que le vrai bonheur réside dans la façon d'apprécier chaque moment, en restant présent et détaché. Ces leçons issues de la sagesse antique restent précieuses pour vivre sereinement dans le monde moderne.

Chapitre 4
Stratégies stoïques pour gérer le stress

Dans les lignes qui vont suivre, nous allons aborder les stratégies stoïciennes pour gérer le stress. Le stoïcisme est une philosophie antique qui peut nous aider à mener une vie plus sereine et épanouie. Dans ce chapitre, nous allons explorer ensemble certains des enseignements stoïciens les plus utiles pour faire face au stress du quotidien.

Tout d'abord, qu'est-ce que le stress ? Le stress est une réaction physique et émotionnelle face à une situation perçue comme menaçante ou difficile à gérer. Notre corps se met en alerte et nous pouvons ressentir de l'anxiété, des tensions musculaires, de la fatigue, des palpitations cardiaques, etc. Un peu de stress de temps en temps est normal et peut même nous aider à relever des défis. Mais un stress chronique, qui dure et s'intensifie, peut devenir épuisant et nuire à notre santé et notre bien-être.

Heureusement, la philosophie stoïcienne nous fournit des outils précieux pour prévenir et gérer un stress excessif. Voyons quelles sont les causes principales de stress d'après les stoïciens :

Nos peurs irrationnelles face à des évènements futurs hypothétiques. Nous imaginons sans cesse des scénarios catastrophes qui n'arriveront probablement jamais.

Nos frustrations et notre colère face à des situations que nous ne contrôlons pas. Nous nous énervons pour les embouteillages, pour la météo, pour le comportement des autres, alors que nous n'y pouvons rien.

Nos attentes irréalistes et nos désirs excessifs. Nous voulons à tout prix réussir un examen, obtenir une promotion, être appréciés de tous. Quand la réalité ne correspond pas à ces attentes, nous sommes déçus et stressés.

Notre tendance à ressasser le passé et les erreurs commises ou à regretter des occasions manquées. Cela ne change rien et nous empêche de savourer le moment présent.

Nos comparaisons constantes aux autres. On s'imagine que les autres sont plus heureux, plus chanceux ou ont une vie plus passionnante. Cela nourrit frustrations et insatisfactions.

Comment les stoïciens proposent-ils de lutter contre ces causes de stress ? Grâce à trois principes clés :

Accepter sereinement ce que nous ne pouvons pas contrôler

Les stoïciens invitent à faire la distinction entre ce qui dépend de nous et ce qui n'en dépend pas. Notre objectif doit être de contrôler nos pensées et nos actes, pas les évènements extérieurs. Accepter calmement ce que nous ne maîtrisons pas, sans frustration ni colère, est liberté et sérénité.

Se concentrer sur le moment présent

Au lieu de ressasser le passé ou de s'inquiéter de l'avenir, les stoïciens recommandent de vivre pleinement l'instant présent, en prêtant attention à nos sens et à nos pensées. Le passé est derrière nous, l'avenir n'existe pas encore. Seul le moment présent est réel et sous notre contrôle.

Remplacer les désirs illusoires par la vertu

Pour les stoïciens, de nombreux désirs pour la richesse, la gloire ou les plaisirs sont vains et sources de frustrations. Ils prônent de les remplacer par la recherche de la vertu, en cultivant la sagesse, le courage, la justice et la tempérance. Viser l'excellence morale procure un bonheur durable.

Maintenant que nous avons compris les causes stoïciennes du stress et leurs solutions, intéressons-nous à des techniques concrètes issues du stoïcisme pour gérer au mieux notre stress au quotidien. Tout

d'abord, la pleine conscience ou « attention consciente ». Il s'agit de porter délibérément son attention sur le moment présent, sans juger. On peut pratiquer des exercices de pleine conscience simples à tout moment : en respirant profondément, en marchant consciemment, ou même en savourant pleinement chaque bouchée d'un repas. Cela nous aide à lâcher prise sur les ruminations qui nourrissent le stress.

Autre technique stoïcienne efficace : la visualisation. Prenez le temps chaque jour d'imaginer de façon détaillée des scénarios positifs pour gérer plus sereinement des situations stressantes. Visualisez-vous par exemple en train de passer un entretien avec calme et assurance. Cette pratique régulière atténue l'anxiété.

Les stoïciens recommandent également de cultiver la vertu d'humilité. Rappelez-vous que vous n'êtes pas le centre du monde et que beaucoup d'évènements ne dépendent pas de vous. Relativiser ainsi son importance permet de réduire les attentes irréalistes sources de frustrations.

Enfin, apprenez à faire preuve de recul et à prendre de la distance par rapport aux petits tracas du quotidien. Méditer sur des textes stoïciens aide à réaliser que beaucoup de nos soucis sont futiles. Ce changement de perspective est libérateur.

Nous avons à présent un bon aperçu des causes du stress selon le stoïcisme et des principales techniques proposées pour le combattre sereinement. Dans la suite de ce chapitre, nous explorerons plus en détails chacune de ces stratégies à travers des exemples concrets et des exercices pratiques. Nous verrons comment intégrer la sagesse stoïcienne dans notre vie moderne pour gagner en sérénité. Même les jeunes peuvent beaucoup bénéficier de ces enseignements antiques pleins de bon sens.

Alors êtes-vous prêts à poursuivre notre voyage au cœur de la philosophie stoïcienne pour apprivoiser le stress et cultiver la tranquillité de l'esprit ? Le chemin sera sans doute parfois ardu, mais il en vaut largement la peine ! Gardez à l'esprit cette citation du philosophe Sénèque : « Ce n'est pas parce que les choses sont difficiles que nous n'osons pas, c'est parce que nous n'osons pas qu'elles sont difficiles. »

Osons suivre ces anciens sages, et nous verrons notre existence se transformer ...

4.1 Conseils stoïques pour faire face aux défis professionnels et personnels

Les épreuves de Théo : conseils stoïciens pour surmonter les défis

Théo était un garçon de 10 ans plein d'énergie et de curiosité. Il adorait apprendre, découvrir de nouvelles choses et relever des défis. Un jour, sa maîtresse lui parla de la philosophie stoïcienne. Théo était fasciné par ces sagesses antiques qui enseignaient comment mener une vie vertueuse et affronter sereinement les obstacles.

Quelques semaines plus tard, Théo participa avec sa classe à une grande dictée. Il avait beaucoup travaillé pour se préparer et voulait à tout prix réussir. Mais le jour J, il fut tellement stressé qu'il fit beaucoup de fautes d'orthographe. Théo était déçu et en colère contre lui-même.

La maîtresse convoqua Théo à la fin de la classe pour discuter. Elle lui rappela les enseignements des philosophes stoïciens : nous ne maîtrisons pas toujours les résultats, mais nous pouvons contrôler l'attitude avec laquelle nous affrontons les épreuves. Elle encouragea

Théo à accepter sereinement ce test raté et à se concentrer sur de meilleures préparations à l'avenir. Ses efforts finiraient par payer.

Théo comprit que la colère était inutile. Il décida d'appliquer les conseils stoïciens : ne pas se laisser abattre par cet échec et cultiver la vertu du courage pour s'améliorer. La prochaine dictée se passa beaucoup mieux.

Quelques mois plus tard, le grand frère de Théo, Tom, s'inscrivit à un concours de skateboard. Tom s'entraîna dur pendant des semaines pour réaliser des figures toujours plus impressionnantes. Théo l'admirait beaucoup et était sûr qu'il gagnerait. Mais lors de la compétition, Tom chuta lourdement en ratant une figure et se cassa le poignet.

Théo le trouva en larmes, dévasté. Théo se souvint alors des leçons stoïciennes. Il réconforta Tom en lui disant que l'essentiel n'était pas cette victoire, mais les efforts et le courage dont il avait fait preuve. Sa vertu était là, pas dans ce trophée. Réconforté, Tom sécha ses larmes et sourit à son petit frère. Il guérirait vite et reviendrait encore plus fort.

Quelques années plus tard, Théo était devenu un jeune ado plein d'assurance. Un soir, ses parents l'appelèrent pour une discussion sérieuse. Ils lui annoncèrent qu'ils devaient déménager dans une autre ville pour des raisons professionnelles. Théo était abasourdi et très contrarié à l'idée de quitter sa maison, son école et ses amis.

Mais il se rappela une nouvelle fois les paroles des philosophes stoïciens. Certaines choses ne dépendent pas de nous, mais d'autres si

: notre attitude face au changement et notre capacité à nous adapter. Théo décida d'accepter sereinement ce déménagement, d'aider ses parents à préparer ce nouveau départ et de considérer cela comme une occasion d'aventures et de découvertes.

Grâce à la sagesse stoïcienne, Théo réussit à surmonter positivement de nombreux défis, tant professionnels que personnels. En grandissant, il essaya toujours de cultiver les vertus stoïciennes : la tempérance, pour maîtriser ses passions, le courage, pour relever les défis, la justice, pour bien agir envers autrui, et la sagesse, pour distinguer l'essentiel.

Théo comprit que la vie nous réserve toujours des obstacles, mais que nous pouvons choisir notre réaction face à eux. Rester calme et positif permet d'apprendre de chaque épreuve pour s'améliorer. Les vrais trésors résident dans nos efforts et notre excellence morale.

À son tour, Théo transmit ces précieux enseignements stoïciens à ses enfants et à ses élèves. Car la meilleure façon de relever les défis de la vie, c'est encore de les aborder avec sagesse, courage et sérénité.

Voilà quelques récits inspirants montrant comment la philosophie stoïcienne peuvent aider à faire face positivement aux aléas de la vie, au travail comme dans notre sphère privée. Intéressons-nous maintenant à des conseils stoïciens concrets pour cultiver des vertus-clés face aux épreuves.

Tout d'abord, les stoïciens nous recommandent de travailler la maîtrise de soi et la tempérance. Prenez l'habitude de respirer lentement et profondément lorsque vous sentez la colère ou la frustration monter en vous. Apprenez à prendre du recul avant de réagir sous le coup de l'émotion. Canalisez votre énergie de façon constructive plutôt que destructive.

Pour développer votre courage, entraînez-vous régulièrement à sortir de votre zone de confort et à affronter vos petites peurs. Peu à peu, vous réaliserez que vous êtes capable de beaucoup plus que vous ne l'imaginiez. Le courage s'acquiert par l'action.

Pratiquez aussi des exercices de visualisation pour vous imaginer en train de vivre sereinement des situations qui vous semblent difficiles, comme un entretien ou un déménagement. Cette répétition mentale atténue l'anxiété.

Les Stoïciens insistent sur l'importance de se concentrer sur ce que nous pouvons contrôler : nos actes, nos pensées, notre attitude. Acceptez avec sagesse les choses que vous ne pouvez pas changer. Vous gagnerez ainsi en sérénité.

Enfin, entraînez-vous à la gratitude en prenant le temps chaque jour de noter par écrit trois choses pour lesquelles vous êtes reconnaissant, même les plus simples. Ce petit exercice développe la résilience et le positif.

Bien sûr, incarner pleinement la Sagesse stoïcienne demande du temps et de la pratique. Mais vous constaterez rapidement les bienfaits sur votre gestion du stress et votre zénitude. Avec courage et persévérance, vous parviendrez à faire preuve de sérénité dans tous les domaines de votre vie. Les stoïciens nous offrent un fabuleux héritage pour traverser les tempêtes en restant debout ! Puisons dans leurs enseignements ancestraux la force d'âme pour relever nos propres défis, d'aujourd'hui et de demain.

Outre le développement de vertus comme la tempérance, le courage ou la gratitude, les Stoïciens nous invitent également à pratiquer régulièrement la méditation. Prendre chaque jour quelques minutes pour méditer en pleine conscience apporte de nombreux bienfaits.

Tout d'abord, cela nous aide à lâcher prise sur le mental agité et les pensées parasites qui nourrissent l'anxiété. En portant délibérément notre attention sur notre respiration, nos sensations corporelles et l'instant présent, nous retrouvons calmes intérieur et sérénité.

La méditation régulière renforce aussi notre capacité à accepter les situations avec sérénité plutôt qu'avec colère ou frustration. En observant nos émotions pendant la méditation, nous prenons conscience de leur nature changeante. Elles finissent toujours par passer si on les accueille avec bienveillance plutôt que de s'y identifier.

Autre bienfait de la méditation : elle stimule en nous la vertu de résilience. En apprenant à lâcher prise sur nos ruminations, nous devenons plus à même de rebondir face aux difficultés de la vie. Nous réalisons que nous sommes bien plus forts que nous ne le pensions.

Vous pouvez commencer par une pratique de quelques minutes par jour, puis augmenter progressivement. L'idéal est de trouver le temps chaque jour, même si vous ne méditez que 5 à 10 minutes. Soyez aussi bienveillant envers vous-même dans cette pratique. Acceptez les moments où l'esprit vagabonde sans vous frustrer.

En combinant ainsi méditation et mise en pratique des vertus stoïciennes, votre sérénité grandira face aux aléas de l'existence. Vous réaliserez que vous avez en vous les ressources pour traverser la plupart des épreuves. Et vous apprendrez à distinguer l'essentiel du superflu, pour une vie plus équilibrée.

Les stoïciens nous offrent une boite à outils inestimable pour faire face aux défis, qu'ils soient professionnels ou personnels. Puisons, dans leur sagesse ancestrale, de quoi affronter les tempêtes de la vie avec courage, mais aussi avec sérénité. En appliquant leurs enseignements avec constance, nous pouvons transformer notre existence et atteindre l'ataraxie : ce calme intérieur synonyme de véritable liberté.

Outre la pratique de la méditation, le Stoïcisme nous invite également à cultiver l'attention dans les activités du quotidien. Marcher en pleine conscience, savourer chaque bouchée d'un repas ou chaque gorgée d'une boisson chaude, prêter attention aux bruits autour de nous... Ces petits exercices d'ancrage dans le moment présent stimulent notre sérénité.

Les stoïciens recommandent aussi la pratique régulière de l'écriture réflexive, par exemple, dans un journal. Prenez le temps chaque soir d'écrire sur votre journée, vos défis rencontrés, vos émotions. Cette introspection favorise la connaissance de soi et une saine distance par rapport aux événements.

L'écriture peut aussi prendre la forme d'un journal de gratitude, où vous notez chaque jour quelque chose pour lequel vous êtes reconnaissant. Cultiver la gratitude de façon délibérée renforce la résilience et la positivité.

Autre exercice stoïcien précieux : la contemplation de la nature. Accordez-vous chaque jour un moment pour observer attentivement le ciel, les arbres, les oiseaux ou autre élément naturel autour de vous. Cette immersion dans le moment présent et dans quelque chose qui nous dépasse apaise l'esprit.

Enfin, entourez-vous de lectures ou d'amis qui incarneront pour vous des modèles de sagesse et de sérénité. Rien de tel que l'exemple pour nous rappeler que courage, sérénité et acceptation sont possibles et qu'il vaut la peine de les cultiver.

Bien sûr, appliquer le stoïcisme demande temps et efforts. Mais petit à petit, à force d'entraînement, votre vision du monde et votre zénitude s'en trouveront transformées. Puisez dans ces enseignements ancestraux la force d'âme dont vous avez besoin pour relever les défis d'aujourd'hui.

4.2 Conte illustrant la résilience face aux pressions de la vie quotidienne

Léa et le vieux chêne

Léa était une petite fille de 10 ans qui habitait dans un joli village près d'une grande forêt. Elle ADORAIT se promener parmi les arbres et observer les animaux. Dans la forêt se trouvait un immense chêne qui fascinait Léa. Il était tellement majestueux avec son épais feuillage et son tronc noueux ! La petite fille aimait s'asseoir au pied de ce Roi des arbres pour lire ou rêvasser.

Un après-midi, alors que Léa lisait paisiblement adossée au chêne, elle entendit soudain une voix caverneuse :

Bonjour jeune fille,

Léa leva les yeux, surprise. Personne en vue !

N'aie pas peur, continua la voix. C'est moi, le Chêne, qui te parle.

Léa regarda l'arbre, émerveillée.

Oh, vous parlez ! Comme c'est magique ! Vous devez avoir tellement de choses à m'apprendre avec votre grande sagesse.

En effet, dit le Chêne. J'ai beaucoup vécu et suis plein d'enseignements à partager. Il se trouve d'ailleurs que j'ai moi-même suivi l'école des philosophes stoïciens quand j'étais encore un jeune chêne. Si tu le souhaites, je peux te transmettre certaines leçons stoïciennes qui m'ont beaucoup aidé à traverser les tempêtes de l'existence.

Ravie à l'idée d'apprendre ces sagesses antiques, Léa s'installa confortablement contre le large tronc.

Je t'écoute, Sage chêne. Apprends-moi ta philosophie stoïcienne !

Le chêne commença alors son récit.

Il y a de cela bien des années, j'étais un jeune chêne plein de sève qui rêvait de devenir aussi majestueux que les anciens de la forêt. Pour mesurer ma croissance, je me comparais sans cesse aux autres arbres. Lorsque le petit frêne à côté poussait plus vite que moi, j'étais frustré et découragé.

C'est alors qu'un vieil Olivier stoïcien me donna un premier conseil : « Ne te compare pas aux autres, suis ton propre chemin à ton rythme. » Je compris que ces comparaisons étaient vaines et ne menaient qu'au découragement. J'appris à me concentrer sur ma propre croissance, avec patience et confiance.

Quelques années plus tard, une terrible tempête s'abattit sur la forêt. Mes branches fragiles se plièrent sous les assauts du vent jusqu'à se casser. J'en fus très affecté. L'olivier stoïcien me conforta alors : « Ce qui arrive est hors de ton contrôle. » Concentre-toi sur ce que tu peux faire : prendre soin de tes racines et laisser le temps réparer tes branches.

Cet enseignement m'aida à accepter sereinement cet accident, sans désespoir. J'appris que l'essentiel réside non dans les événements eux-mêmes, mais dans la manière de les accueillir.

Plus tard, quand le lierre envahit mon tronc et me démangea, je voulus m'en débarrasser immédiatement. Mais l'Olivier tempéra mon agitation : « Sois patient, laisse faire le temps. » Hâte-toi lentement. Le lierre finit par partir de lui-même. J'appris alors à contrôler mes frustrations et à faire confiance au temps.

Ainsi, grâce à la sagesse stoïcienne, j'ai appris à cultiver sérénité, patience et résilience pour traverser les aléas de l'existence. À mon tour aujourd'hui de transmettre à toi, jeune enfant, ces leçons du temps jadis. Puisses-tu t'en inspirer pour affronter les défis de ta propre vie ?

Léa écouta le vieux chêne avec admiration. Quelles paroles profondes ! Elle le remercia chaleureusement pour ce magnifique partage.

Dès lors, la petite fille retournait souvent méditer au pied du majestueux arbre. Elle essayait d'appliquer au quotidien les enseignements stoïciens, même si ce n'était pas toujours facile.

Lorsque Léa stressait pour un contrôle à l'école, elle pensait au chêne, lui rappelant de se concentrer juste sur ce qu'elle pouvait maîtriser : bien réviser. Et effectivement, elle se sentait plus sereine et réussissait mieux ses contrôles.

Quand sa meilleure amie déménagea et que Léa se sentit très seule, elle se remémora les paroles du vieil arbre sur le lâcher-prise. Elle ne pouvait pas contrôler ce départ, juste rester positive et patiente jusqu'à se faire de nouveaux amis.

Et lors d'un spectacle de danse où Léa trébucha sur scène, elle appliqua aussitôt la leçon d'acceptation stoïque. L'essentiel n'était pas cette chute, mais de poursuivre la danse avec grâce. Léa se releva et termina sa chorégraphie sous les applaudissements.

Grâce à son ami le chêne stoïcien, Léa apprit petit à petit l'art subtil de vivre au présent, d'accepter ce qu'elle ne pouvait changer et de se concentrer sur ce qu'elle pouvait maîtriser. Son anxiété se dissipa et elle gagna en résilience.

Léa grandit ainsi en sérénité, puisant dans les enseignements du vieil arbre la force d'affronter les défis futurs. La sagesse stoïcienne l'accompagna tout au long de son existence. Et lorsqu'à son tour elle eut des enfants, elle transmit ces précieuses leçons ancestrales, pour que de génération en génération perdurent ces joyaux philosophiques.

Ainsi se termine l'histoire de Léa et du chêne stoïcien.

Morale de l'histoire

Cette histoire illustre, à travers les enseignements du vieux Chêne, certains principes clés de la philosophie stoïcienne pour cultiver la résilience au quotidien.

Tout d'abord, ne pas se comparer aux autres, mais se concentrer sur sa propre progression, à son rythme. Ensuite, accepter sereinement ce qui nous échappe, comme un accident ou un départ, et se focaliser sur ce que l'on peut maîtriser. Également, pratiquer la patience et la confiance dans le temps qui passe plutôt que de céder à la frustration.

En appliquant ces préceptes stoïciens, Léa parvient à gérer plus sereinement les pressions de la vie quotidienne, comme le stress avant un examen ou la déception après une chute. Elle comprend que l'essentiel réside dans sa manière de réagir aux événements.

La philosophie stoïcienne, à travers ses enseignements intemporels, nous offre ainsi des clés toujours précieuses pour affronter avec résilience les difficultés du quotidien et préserver notre sérénité intérieure.

Chapitre 5
La métamorphose de l'existence

Dans le présent chapitre, nous allons explorer comment la philosophie stoïcienne peut nous aider à opérer une profonde métamorphose de notre existence. Le stoïcisme, fondé il y a plus de 2000 ans, recèle des trésors de sagesse intemporelle pour qui souhaite mener une vie plus épanouie et vertueuse.

Dans les pages qui suivent, nous découvrirons ensemble les principaux enseignements stoïciens ainsi que diverses techniques et exercices pratiques. Notre objectif sera d'intégrer petit à petit cette philosophie millénaire à notre quotidien moderne, afin de nous métamorphoser intérieurement. Car tel est bien le but du stoïcisme : provoquer une transformation radicale de notre manière de percevoir le monde et de réagir aux événements.

Tout d'abord, attardons-nous sur les origines du Stoïcisme. Cette école philosophique fut fondée à Athènes vers l'an 300 avant Jésus-Christ par Zénon de Kition. Ses principaux représentants furent les philosophes grecs Sénèque, Épictète et Marc-Aurèle. Le stoïcisme connut un immense succès dans l'Antiquité et inspira nombre de grands esprits. Que nous enseigne cette sagesse ancestrale?

Pour les stoïciens, le bonheur ne dépend pas des événements extérieurs, mais uniquement de notre jugement intérieur sur ces événements. Ils considèrent que nos souffrances viennent essentiellement de nos désirs excessifs pour des choses futiles, comme la richesse ou la gloire. Or ces désirs sont voués à être déçus.

Les stoïciens préconisent donc de transformer notre système de valeurs. Au lieu de poursuivre de vains objets de convoitise, ils recommandent de rechercher la vertu, en cultivant la sagesse, le courage, la justice et la maîtrise de soi. Mener ainsi une vie vertueuse garantit un bonheur durable.

Pour y parvenir, les stoïciens nous invitent à opérer un travail sur nous-mêmes en pratiquant certains exercices. Tout d'abord, l'attention dans l'instant présent : savourer pleinement le moment au lieu de ressasser le passé ou d'anticiper le futur.

Autre exercice clé : l'objectivité face aux événements, en acceptant avec sérénité ce que nous ne pouvons pas contrôler. Les stoïciens nous exhortent également à la maîtrise de nos passions, pour agir avec discernement plutôt que sous le coup de l'émotion.

Enfin, ils préconisent la pratique régulière de l'introspection, afin de mieux se connaître et de progresser sur le chemin de la sagesse. Nous explorerons plus en détails ces différentes techniques dans la suite du chapitre.

Bien sûr, incarner parfaitement l'idéal du sage stoïcien n'est pas chose aisée ! Mais chacun peut, à son niveau, s'en inspirer au quotidien. En cheminant pas à pas, la transformation s'opère.

Ainsi, la philosophie stoïcienne nous offre les outils d'une véritable métamorphose de l'existence. Grâce à elle, nous pouvons apprendre l'art subtil de vivre dans l'acceptation sereine du présent, en paix avec nous-même et avec le monde.

Je vous propose à présent de poursuivre cette exploration passionnante en nous intéressant tout d'abord à la conception stoïcienne du bonheur. Puis nous étudierons les techniques concrètes préconisées par ces sages antiques pour opérer notre propre métamorphose intérieure. Puissions-nous, à leur contact, transformer notre vision et expérimenter une vie plus accomplie.

Dans les chapitres précédents, nous avons découvert les fondements du stoïcisme ainsi que l'objectif de sagesse et de métamorphose intérieure poursuivi par cette philosophie. Intéressons-nous maintenant plus en détail à la conception stoïcienne du bonheur.

Pour les stoïciens, de nombreux malheurs viennent du fait que les hommes placent le bonheur dans la mauvaise direction. Ils le cherchent dans la gloire, le plaisir ou la fortune. Or ces biens sont fragiles et éphémères. Le sage comprend que le vrai bonheur ne réside pas dans ces choses extérieures, mais dans la vertu.

Une vie vertueuse fondée sur la sagesse, la justice, le courage et la tempérance apporte un contentement intérieur durable, à l'abri des aléas de l'existence. Le bonheur du sage stoïcien jaillit de sa droiture morale et de son accord avec la nature universelle.

Pour atteindre cet état, il nous faut opérer une transformation de notre échelle de valeurs et de nos désirs. Les stoïciens prônent de cesser de courir après l'argent, le prestige ou les jouissances futiles. À la place, concentrons-nous sur notre perfectionnement intérieur.

Comment y parvenir ? Parmi les exercices clés, les Stoïciens recommandent la pratique régulière de l'attention dans l'instant présent. En savourant pleinement chaque moment, nous apprenons à trouver le bonheur dans les petites choses simples de l'existence.

Autre technique essentielle : l'objectivité face aux événements, afin d'accepter avec sérénité ce qui échappe à notre contrôle. En lâchant prise sur nos attentes, nous gagnons en liberté intérieure.

Enfin, l'introspection quotidienne nous aide à mieux nous connaître, à cultiver la vertu et à progresser dans la sagesse.

Ainsi, en suivant les préceptes stoïciens, chacun peut opérer sa propre métamorphose et mener une existence plus épanouie, fondée sur la rectitude morale. Poursuivons notre exploration de cet art de vivre ancestral.

5.1 Conte 1 : Les leçons du Phénix

Il était une fois une jeune fille prénommée Iris qui vivait paisiblement dans un petit village avec sa famille. Iris passait beaucoup de temps dans la nature à observer les animaux et à cueillir des fleurs. Un jour, en se promenant dans la forêt, elle aperçut un magnifique oiseau aux plumes rougeoyantes qui se tenait sur un arbre. Fascinée, la petite fille s'approcha doucement.

Bonjour, Bel oiseau, dit-elle. Je ne t'ai jamais vu par ici. Quel est ton nom ?

L'oiseau tourna sa tête et répondit d'une voix mélodieuse :

Je suis le Phénix, jeune enfant. Je ne suis pas originaire de cette forêt, je voyage à travers le monde pour transmettre mon enseignement.

Ton enseignement ? S'étonna Iris. Quel enseignement apportes-tu ?

Je diffuse la philosophie stoïcienne partout où je vais, expliqua le Phénix. J'apprends aux humains et aux animaux comment mener une vie sage et vertueuse.

Iris n'avait jamais entendu parler du stoïcisme, mais elle était très curieuse d'en savoir plus.

Pourrais-tu m'enseigner ta philosophie stoïcienne, Bel Oiseau ? demanda-t-elle.

Avec plaisir, j'acceptai le Phénix Assois-toi et écoute mon récit.

Iris s'installa sur un rocher, tout oui. Le Phénix entama son histoire :

Il y a de nombreuses années, j'étais un oiseau orgueilleux qui pensait tout connaître sur le monde. Un jour, je rencontrai un vieux Hibou nommé Sophos qui suivait l'école stoïcienne. Il me mit en garde : « Tu *crois tout savoir, mais en réalité tu ignores l'essentiel. » Viens auprès de moi et je t'enseignerai la vraie sagesse. »*

Piqué dans mon orgueil, je décidai de le suivre pour lui prouver ma supériorité. Mais plus le Hibou m'instruisait sur le stoïcisme, plus je prenais conscience de mon ignorance.

Sophos m'expliqua que le bonheur ne dépend pas des richesses ou du standing, mais d'une vie vertueuse et en accord avec la nature. Il me transmit des exercices pour cultiver la sagesse : l'attention au présent, l'objectivité face aux événements, la maîtrise de mes passions.

Pour donner suite à son enseignement, je décidai de voyager par le monde pour transmettre à mon tour ce savoir. Je compris que la vraie connaissance n'est pas celle qui enfle le Moi, mais celle qui éveille à la vertu.

Ainsi, grâce à Sophos, j'opérai une véritable métamorphose. De prétentieux que j'étais, je devins humble. De mesquin, je devins généreux. De colérique, je devins patient. Par suite de cette renaissance, on me donna le nom de Phénix, en référence à cet oiseau mythique qui renaît de ses cendres, illuminé d'une nouvelle sagesse.

Aujourd'hui, je poursuis ma mission avec joie, sachant que la seule richesse valable est celle que l'on partage pour éclairer les cœurs.

Lorsqu'il eut terminé son récit, le Phénix regarda Iris.

Comprends-tu maintenant, jeune enfant, la valeur de cet enseignement qui guide vers une vie plus épanouie ? demanda-t-il de sa voix mélodieuse.

Oui, noble oiseau, répondit Iris. Grâce à toi, je découvre la profondeur de cette philosophie qui invite à la vertu. Je serai heureuse de la suivre pour devenir moi aussi plus sage !

Tu as une âme pure, dit le Phénix. Cultive toujours la soif de grandir intérieurement, et tu connaîtras le vrai bonheur.

Iris remercia chaleureusement le bel oiseau pour ses enseignements. Avant de reprendre son envol, le Phénix lui donna rendez-vous au même endroit une semaine plus tard, afin de vérifier ses progrès sur la voie stoïcienne.

Durant cette semaine, Iris s'efforça d'appliquer les leçons du Phénix. Elle prit le temps d'observer la nature pour s'ancrer dans l'instant présent. Lorsque sa petite sœur la contrariait, elle faisait un effort pour rester calme au lieu de céder à la colère. Le soir, elle pratiquait l'introspection pour relever ses défauts et s'améliorer.

Lorsque le jour du rendez-vous arriva, Le Phénix fut ravi des progrès d'Iris. Il décida de prolonger son séjour pour continuer à l'instruire. Au fil des semaines, sous la bienveillance du Bel Oiseau, la petite fille gagna en sagesse, en sérénité et en générosité. Elle apprit à savourer les joies simples de l'existence et à surmonter ses peurs.

Quand vint le moment pour le Phénix de repartir, Iris le remercia avec effusion pour ces précieuses leçons qui l'avaient tant fait murir.

Puises-tu toute ta vie dans cette noble philosophie la force d'être meilleure chaque jour, dit le Phénix avant de déployer ses ailes multicolores.

Iris regarda l'oiseau s'élever gracieusement dans le ciel jusqu'à devenir un point à l'horizon. Dès lors, elle se consacra à suivre la voie stoïcienne, pour sa plus grande joie et celle des autres.

Ainsi s'achève l'histoire d'Iris et des enseignements du majestueux Phénix.

Morale de l'Histoire :

Cette histoire met en scène les principes clés de la philosophie stoïcienne à travers les leçons transmises par le Phénix.

Tout d'abord, le Phénix enseigne que le vrai bonheur et la connaissance ne résident pas dans la gloire ou les richesses, mais dans une vie vertueuse et en accord avec la nature. Il transmet l'importance de cultiver la sagesse par des exercices comme l'attention au présent, l'objectivité face aux événements et la maîtrise de ses passions.

Grâce à ces leçons stoïciennes, le Phénix opère une profonde métamorphose intérieure, passant d'un oiseau orgueilleux à un sage humble et généreux. Son exemple inspire Iris à suivre la même voie pour se perfectionner moralement.

En pratiquant les exercices stoïciens, Iris devient plus sereine, positive et maîtresse d'elle-même. Elle réalise que le vrai bonheur réside dans la quête de la vertu et de la sagesse, non dans les biens matériels.

Cette histoire illustre comment la philosophie stoïcienne, à travers ses valeurs intemporelles, nous apprend à mener une existence plus épanouie et vertueuse. Elle peut nous aider à opérer notre propre métamorphose intérieure.

5.2 Conte 2 : L'arbre de la résilience et les saisons de l'existence

Il était une fois un petit village niché au creux d'une vallée verdoyante. Les habitants y menaient une vie paisible, cultivant la terre et élevant des animaux. Non loin du village, sur une colline surplombant la vallée, se dressait un majestueux chêne plusieurs fois centenaire.

Les villageois appelaient cet arbre vénérable « l'arbre de la résilience ». Ils contaient qu'il possédait des pouvoirs magiques conférés par un mystérieux ermite jadis venu méditer sous ses branches. Celui qui savait l'écouter apprenait de précieuses leçons de sagesse pour traverser les saisons de l'existence.

Parmi les habitants du village vivait une jeune fille prénommée Éliane. Depuis toute petite, elle rêvait d'aller s'asseoir au pied du merveilleux chêne pour découvrir ses secrets. Un matin de printemps, alors qu'Éliane avait douze ans, elle décida qu'il était temps.

Sur la colline, l'arbre de la résilience déployait majestueusement ses branches noueuses couvertes de jeunes pousses verdoyantes. Éliane s'assit contre le large tronc et ferma les yeux, bercée par le bruissement du feuillage. Soudain, une voix caverneuse s'éleva :

« Bonjour jeune enfant. » Je suis l'arbre de la résilience. On m'a dit que « tu désirais écouter mes leçons ? »

Émerveillée, Éliane répondit :

« Oh oui, sage arbre ! » J'aspire à comprendre les mystères de l'existence. « Apprends-moi à cultiver force et sagesse. »

L'arbre reprit de sa voix grave :

« La vie est un cycle sans fin de saisons et de renouveaux ». Rien n'est permanent, tout change et se transforme. L'été succède au printemps, l'automne à l'été, l'hiver à l'automne, pour renaître au printemps. Chaque saison apporte ses défis.

Le printemps est une période d'énergie et d'enthousiasme. Tout paraît possible, nous débordons de projets. Mais attention à ne pas gaspiller tes forces dans une agitation vaine. Concentre-toi sur l'essentiel.

L'été est propice à l'épanouissement après les efforts du printemps. Savoure les joies de l'existence, mais garde la tête froide. Reste humble et simple.

L'automne invite à la récolte des fruits mûrs du travail. Chéris les réussites, mais n'attache pas ton cœur aux choses futiles comme la richesse ou la gloire. Elles sont éphémères.

Enfin, l'hiver, sous ses frimas, exige patience et résilience. Ne te décourage pas devant l'adversité. Elle recèle des opportunités de grandir en sagesse. Aie confiance, le printemps finira par revenir.

Ainsi, accueille chaque saison avec la même sérénité. Reste ancrée dans le moment présent, concentre-toi sur ce qui dépend de toi, accepte ce que tu ne peux pas changer. Cultive la vertu, elle est le vrai trésor intérieur qui ne se flétrit pas.

Alors tu sauras faire preuve de résilience et rester debout, comme moi, l'arbre de la résilience, dont les racines plongent profondément dans la terre de tes ancêtres. Puise dans leur sagesse la force d'affronter tous les orages. « Je veille sur toi, enfant de la vallée. »

Ainsi s'exprima le vieux chêne de sa voix caverneuse. Éliane l'écouta, captivée et reconnaissante. Elle avait reçu un fabuleux héritage. Dès lors, la jeune fille cultiva chaque jour ces enseignements, méditant sous l'arbre protecteur.

Elle traversa ainsi sereinement les saisons de sa propre existence. Lors de son printemps insouciant, elle savoura les plaisirs de la vie sans se perdre. À l'été, elle goûta les fruits du succès avec humilité. En automne, elle accueillit les passages obligés de l'âge avec philosophie. Et lorsque vint son hiver, elle fit preuve de patience et de résilience.

Grâce aux leçons de l'arbre de la résilience, Éliane apprit l'art de vivre avec sagesse, acceptant chaque saison comme un renouveau permettant de se découvrir plus forte et plus sage. Et lorsque vint son heure, elle s'éteignit paisiblement, avec la certitude d'avoir savouré le vrai bonheur.

Ainsi s'achève l'histoire d'Éliane et de l'arbre de la résilience, gardien ancestral de la sagesse des cycles de l'existence.

Morale de l'Histoire :

Cette histoire métaphorise les cycles de la vie à travers les saisons et les principes stoïciens pour les traverser avec sagesse et résilience.

Le vieux chêne symbolise la résilience, restant enraciné malgré les tempêtes. Ses conseils représentent la philosophie stoïcienne qui enseigne à se concentrer sur le présent, à cultiver la vertu et à accepter sereinement ce qui ne dépend pas de nous.

Chaque saison illustre une étape de la vie : le printemps pour l'enthousiasme de la jeunesse, l'été pour l'épanouissement adulte, l'automne pour la maturité, l'hiver pour la vieillesse.

Grâce aux leçons du chêne, Éliane traverse les cycles de l'existence avec philosophie et sérénité. Elle incarne ainsi l'idéal stoïcien de sagesse face aux aléas de la vie.

Cette histoire transmet l'importance de rester ancré dans le moment présent et de cultiver la résilience, afin de vivre pleinement chaque saison de notre voyage terrestre.

5.3 *Perspectives stoïques sur l'acceptation et la transformation personnelle*

Comme nous avons pu le voir, la philosophie stoïcienne est une école de pensée qui a été développée dans la Grèce antique et a ensuite exercé une grande influence à Rome. Les stoïciens proposaient une approche de la vie visant à atteindre un bonheur durable et une sérénité intérieure. Pour y parvenir, ils recommandaient de travailler à la fois sur l'acceptation de ce qui ne dépend pas de nous et sur la transformation de notre caractère par un travail sur nos pensées et nos actions. Voyons plus en détail ces deux aspects importants de leur philosophie.

Tout d'abord, les Stoïciens considéraient que de nombreuses sources de malheur viennent du fait que les humains veulent contrôler des choses qui ne dépendent pas d'eux. Par exemple, nous voulons contrôler les événements extérieurs, le comportement des autres, nos émotions, alors que ces choses ne sont pas entièrement sous notre contrôle.

Les stoïciens appelaient donc à « vivre conformément à la nature », c'est-à-dire à accepter sereinement tout ce qui ne dépend pas entièrement de notre volonté. Cela inclut par exemple les tremblements de terre, les tempêtes, les maladies, qui sont des événements naturels que nous ne pouvons pas contrôler. Nous devons les accepter tranquillement lorsqu'ils se produisent, sans nous lamenter ou nous mettre en colère.

De même, les actions et les paroles des autres personnes ne sont pas sous notre contrôle. Nous pouvons chercher à les conseiller avec bienveillance, mais nous ne pouvons pas les forcer à agir d'une certaine manière. Les stoïciens recommandaient donc d'accepter les défauts des autres, sans juger ou blâmer.

Même nos émotions ne sont pas entièrement contrôlables, car elles dépendent de processus complexes dans notre cerveau. Il est illusoire de penser que nous pouvons décider de ne ressentir que des émotions positives. Lorsque des émotions négatives surgissent, mieux vaut les accepter posément telles qu'elles sont, sans les réprimer, mais sans non plus se laisser emporter par elles.

Ainsi, l'acceptation stoïcienne n'est pas de la résignation passive, mais une forme de sérénité face à ce qui ne dépend pas de nous. Elle permet de concentrer nos efforts sur ce que nous pouvons contrôler : nos pensées et nos actions. Car c'est là que se trouve la possibilité de transformation personnelle.

En effet, même si nous ne contrôlons pas tout, nous avons le pouvoir de contrôler nos pensées et nos actions. Et c'est en transformant notre façon de penser et d'agir que nous pouvons devenir meilleurs.

Les Stoïciens considéraient qu'en développant certaines qualités morales et en adoptant de bonnes habitudes, nous pouvons petit à petit transformer notre caractère et tendre vers la sagesse.

Par exemple, ils encourageaient à développer :

- La tempérance : trouver un juste équilibre entre les plaisirs et la modération.
- Le courage : affronter les difficultés avec détermination.
- La Justice : traiter les autres avec équité et bienveillance.
- La prudence : réfléchir posément avant d'agir.

La maîtrise de soi : contrôler nos émotions et nos impulsions.

Pour y parvenir, ils recommandaient des pratiques quotidiennes comme :

- S'exercer à la patience et à la maîtrise de soi dans les petites contrariétés du quotidien.
- Réfléchir posément avant de prendre une décision.
- Pratiquer la pleine conscience du moment présent.
- Tenir un journal pour s'améliorer.
- Faire une révision de sa journée le soir.
- Fréquenter des personnes vertueuses qui nous inspirent.

Avec de la pratique régulière, ces exercices permettent de développer petit à petit un état d'esprit plus serein, d'accepter plus facilement ce qui ne dépend pas de nous et de devenir un meilleur individu.

Bien sûr, la transformation intérieure est un travail de longue haleine. Les Stoïciens comparaient ce travail à celui du sculpteur avec son bloc de marbre : enlever petit à petit les aspérités pour révéler la belle statue qui est à l'intérieur.

Il y a des hauts et des bas dans ce processus. Nous ne serons jamais parfaits. Mais les stoïciens considéraient que même de petits progrès en valaient la peine. L'important est de continuer à avancer dans la bonne direction.

La philosophie stoïcienne propose une voie de transformation personnelle en deux étapes :

1. Accepter sereinement ce qui ne dépend pas de nous : les événements extérieurs, les autres, nos émotions.
2. Travailler sur ce qui dépend de nous – nos pensées et nos actions – pour développer de bonnes habitudes et devenir notre meilleur moi.

Cette approche exigeante offre un chemin profondément humain pour accéder à une vie plus sereine et plus sage. Elle a traversé les siècles et continue d'inspirer de nombreuses personnes aujourd'hui.

Bien qu'exigeant, le chemin stoïcien vers la sagesse et la transformation personnelle reste profondément humain. Les stoïciens avaient une vision optimiste des capacités humaines à progresser.

Contrairement à d'autres écoles philosophiques de l'Antiquité, ils ne pensaient pas que le bonheur soit réservé à une élite. Tout être humain, par sa capacité de raison, peut accéder à la sagesse stoïcienne à force d'exercices et de pratique.

Pour aider dans cette voie, les philosophes stoïciens ont laissé de nombreux textes et exercices pratiques qui restent une source d'inspiration précieuse aujourd'hui. Regardons quelques exemples marquants.

L'un des plus importants est le manuel d'Épictète Épictète était un philosophe stoïcien qui vivait à Rome au 1er siècle après Jésus-Christ. Esclave affranchi, il créa sa propre école stoïcienne. Son manuel résume de façon concise les exercices clés pour la transformation personnelle selon les stoïciens.

Par exemple, Épictète recommande de bien faire la distinction entre ce qui dépend de nous et ce qui n'en dépend pas. Pour cela, il propose de s'entraîner mentalement : lorsque quelque chose nous contrarie, se demander : « Est-ce que cela dépend entièrement de moi ou non ? » Si ce n'est pas le cas, il faut l'accepter avec sérénité.

Épictète insiste également sur l'importance de maîtriser nos jugements. Pour les Stoïciens, ce sont nos jugements sur les événements qui causent nos troubles, plus que les événements eux-mêmes. Il nous encourage donc à examiner posément la validité de nos jugements, pour éviter de tomber dans l'erreur.

Le manuel contient de nombreux autres exercices, comme s'entraîner à désirer exclusivement les choses qui dépendent de nous ou faire attention à l'usage que nous faisons de nos représentations. Appliqués avec constance, ces exercices permettent une véritable transformation de notre jugement et de nos comportements.

Un autre célèbre philosophe stoïcien est Sénèque, qui vécut à Rome au 1er siècle après JC. Il fut le précepteur de l'empereur Néron. Dans ses « Lettres à Lucilius », il expose sa vision de la philosophie stoïcienne comme guide pratique pour mener une vie sage et vertueuse.

Sénèque encourage son élève Lucilius à cultiver chaque jour sa raison, car c'est elle qui nous rend humains. Il l'invite à la réflexion solitaire, à la pratique de la pauvreté et à se méfier des richesses et du luxe. Il le pousse à profiter pleinement du temps présent plutôt que de le gâcher.

Ces textes montrent comment la philosophie stoïcienne vise à nous rendre meilleurs chaque jour par un travail sur soi-même. Même si le progrès est graduel, Sénèque est convaincu que la pratique régulière permet d'avancer. Comme il l'écrit : « Une seule journée bien employée donne joie sur joie. »

Un dernier exemple important est celui de l'empereur Marc Aurèle. Empereur éclairé du 2e siècle après JC, il consigna ses réflexions stoïciennes dans ses Pensées pour moi-même, rédigées au cœur des campagnes militaires.

On y trouve des rappels destinés à maintenir sa sérénité et son imperturbabilité d'esprit, quelles que soient les circonstances extérieures. Par exemple, Marc Aurèle écrit : « Le bonheur de ta vie dépend de la qualité de tes pensées » ou bien « Le monde est un changement perpétuel. » La vie n'est qu'opinion.

Ces textes montrent bien l'aspect pratique de la philosophie stoïcienne comme guide au quotidien, y compris dans des conditions difficiles. Ils inspirent depuis des siècles ceux qui veulent travailler sur leur sagesse et leur sérénité intérieure.

De nos jours, il existe un regain d'intérêt pour la philosophie stoïcienne, car elle offre une voie toujours actuelle pour le développement personnel. De nombreux ouvrages et sites Internet proposent des exercices inspirés de cette tradition antique.

On y retrouve par exemple des exercices de méditation inspirés de la pleine conscience stoïcienne du moment présent. Ou encore, des techniques pour ne pas se laisser emporter par ses émotions, en prenant du recul par rapport à elles. Ces pratiques s'inspirent directement des textes des philosophes antiques.

La philosophie stoïcienne a traversé les âges, car elle propose une voie profondément humaine pour atteindre une vie plus épanouie. Contrairement à d'autres écoles philosophiques, elle ne s'adresse pas qu'à une élite intellectuelle. Ses exercices concrets s'appliquent à tous ceux qui aspirent à plus de sérénité.

Bien sûr, mettre en pratique le Stoïcisme au quotidien demande des efforts. Face aux épreuves, il n'est pas facile de garder son calme et sa sérénité. Mais c'est justement dans les moments difficiles que cette philosophie montre toute sa force pour orienter notre conduite.

Comme Marc Aurèle l'écrivait déjà il y a 18 siècles : « La vie de l'homme court vite vers sa fin ; il ne reste qu'un seul acte en notre pouvoir : jetons-nous sereinement sur la courte durée qui nous est donnée. »

Ainsi, le stoïcisme nous invite à profiter pleinement du temps présent. Plutôt que de le perdre à regretter le passé ou à s'inquiéter de l'avenir, mieux vaut se concentrer sereinement sur l'instant actuel et sur notre devoir. En acceptant ce qui ne dépend pas de nous et en travaillant sur nous-mêmes, nous pouvons mener une vie plus sage, plus sereine et trouver un bonheur durable.

Bien qu'exigeant un effort constant, le chemin stoïcien vers la sagesse reste une voie accessible à tous ceux qui aspirent à plus de sérénité. Regardons quelques conseils pratiques pour avancer pas à pas sur cette voie.

Tout d'abord, commencer petit. Il ne s'agit pas de vouloir changer toute sa vie du jour au lendemain. Mais on peut intégrer des principes stoïciens dans notre quotidien par touches successives.

Par exemple, prendre l'habitude de faire une minute de méditation concentrée sur sa respiration au réveil. Ou bien, lorsqu'un événement nous contrarie, prendre le recul avant de réagir et se demander : « Est-ce que cela dépend vraiment de moi ? » Ces micro-changements finissent par transformer en profondeur notre état d'esprit

Il est également essentiel de bien choisir ses lectures et les fréquentations. Les stoïciens insistaient beaucoup sur l'importance de s'entourer de personnes vertueuses. Leurs exemples et leurs conseils nous tirent vers le haut bien plus que la compagnie des personnes toxiques ou futiles. De même, la lecture régulière des textes stoïciens rappelle nos bonnes résolutions.

Une autre clé est la pratique régulière. Il ne suffit pas de lire les textes stoïciens de temps en temps. Pour véritablement progresser, il faut intégrer des exercices stoïciens dans sa routine quotidienne, jusqu'à ce qu'ils deviennent des réflexes. Par exemple, faire chaque soir l'examen de conscience de sa journée recommandée par les stoïciens.

Cultiver la patience est également primordial. La transformation intérieure demande du temps et ne se fait pas en ligne droite. Il y a des hauts et des bas. Lorsque l'on traverse des moments difficiles, il ne faut pas se décourager, mais continuer patiemment. Les progrès finissent toujours par reprendre.

Enfin, ne pas chercher la perfection, qui n'existe pas. Personne n'incarne à 100 % l'idéal du sage stoïcien parfaitement imperturbable. L'essentiel est de continuer à progresser, même par petits pas. Chaque effort nous rapproche du but.

Avec de la pratique régulière pendant des semaines et des mois, on constate progressivement des changements profonds. Des situations qui nous mettaient en colère deviennent des occasions d'exercer notre sérénité. Nous gagnons en recul face à nos émotions. Le présent occupe davantage notre esprit, au lieu des regrets ou des inquiétudes.

Bien sûr, il y a encore du travail à long terme pour continuer à se rapprocher de l'idéal stoïcien. Mais déjà, une application même partielle de cette philosophie rend la vie bien plus sereine. Et cela en vaut largement la peine.

Au-delà des conseils généraux, intéressons-nous maintenant à quelques exercices stoïciens clés pour la transformation personnelle.

L'un des plus importants est la pratique du regard intérieur ou de l'attention à soi-même. Il s'agit de prendre régulièrement du recul par rapport à ses pensées et à ses actes, pour juger objectivement de leurs qualités morales.

Concrètement, on peut le faire par exemple au moyen de l'examen du soir recommandé par les Stoïciens. Allongé le soir avant de s'endormir, on repasse sa journée dans sa tête pour identifier nos comportements vertueux et nos erreurs. Cet examen de conscience aide à progresser.

On peut également pratiquer cet examen plusieurs fois dans la journée. Les stoïciens recommandaient de faire trois examens par jour : au lever, à midi et au coucher. À chaque fois, prendre quelques minutes pour revoir sa matinée ou son après-midi.

Ces exercices développent la conscience de soi et la maîtrise de ses actes. En prenant l'habitude de s'observer, on devient plus objectif sur ses défauts à corriger. Et avec le temps, les bons comportements deviennent plus naturels.

Un autre exercice clé est la méditation stoïcienne, pour apprendre à maîtriser nos pensées. Il s'agit de pratiquer quotidiennement des temps de concentration sur l'instant présent.

Par exemple, pendant 5 ou 10 minutes, s'asseoir tranquillement et se concentrer pleinement sur sa respiration. Si des pensées surgissent, les laisser passer sans y prêter attention. Cette méditation calme le mental et nous ancre dans le moment présent.

Les stoïciens pratiquaient aussi des exercices d'imagination pour renforcer leur sérénité. Par exemple, ils recommandaient de s'imaginer perdre ses biens ou ses proches, pour se préparer mentalement à cette éventualité. Ainsi, si cela se produisait réellement, le choc serait moindre.

On peut s'inspirer de cette technique en imaginant des scénarios difficiles, puis en visualisant comment on garderait son calme et son sang-froid grâce aux principes stoïciens. Cette visualisation renforce notre résilience.

Avec la pratique régulière, ces exercices permettent une transformation intérieure progressive mais profonde. Il s'adresse à tous ceux qui aspirent à plus de sérénité dans leur vie quotidienne. En

plus de la transformation personnelle, les Stoïciens insistaient aussi sur l'importance de contribuer au bien commun de l'humanité. Bien qu'ils se concentrent sur leur propre développement, ils ne doivent pas oublier leur devoir social.

Selon les Stoïciens, tous les humains font partie d'une même communauté, indépendamment des frontières. Nous avons le devoir d'agir pour le bien de cette communauté. Comme l'écrivait Sénèque : «

Le genre humain, c'est une arche où nous sommes tous embarqués ensemble. »

Concrètement, les Stoïciens encourageaient à cultiver des qualités sociales comme la justice, qui consiste à traiter chaque personne avec équité et bienveillance. Ou encore la générosité, en aidant ceux qui sont dans le besoin. Même les petits gestes comptent, si on les fait avec régularité.

Ils insistaient également sur l'importance de remplir ses devoirs professionnels et familiaux de la meilleure façon possible. Par exemple, un artisan stoïcien cherchera à fabriquer des produits de qualité serviables pour les autres. Un père de famille stoïcien élèvera ses enfants avec sagesse et bienveillance.

Ainsi, loin de s'enfermer dans une tour d'ivoire, les Stoïciens cherchaient à mettre leur sagesse au service de la société. Leur idéal était de cultiver les qualités intérieures, tout en participant activement au monde pour le rendre meilleur.

Cet idéal reste valable aujourd'hui. Le stoïcisme n'est pas qu'une philosophie individuelle, c'est aussi un humanisme pratique. Chacun peut participer à sa mesure à la construction d'une société plus juste et plus solidaire.

Bien sûr, cela passe d'abord par un travail sur soi. Comme le disait Marc Aurèle : « Pour faire changer le monde, il faut d'abord se changer soi-même. » En cultivant notre propre sagesse stoïcienne, nous serons mieux à même d'agir de manière constructive dans la société.

Mais ce travail individuel doit déboucher sur l'action. Il ne s'agit pas seulement de lire des textes stoïciens dans son coin. Mettre en pratique cette philosophie au quotidien, c'est agir concrètement pour le bien commun, en montrant l'exemple.

Chacun peut trouver sa propre voie pour allier sagesse intérieure stoïcienne et engagement dans le monde. Par exemple, choisir une profession qui aide les autres : soignant, enseignant, travailleur social. Ou bien s'investir bénévolement dans des causes justes lors de son temps libre : aide aux plus démunis, protection de l'environnement, et ainsi de suite.

Les possibilités sont infinies. L'essentiel est de voir comment, à notre échelle, nous pouvons contribuer positivement à la société. Le stoïcisme n'est pas une fin en soi, mais un chemin qui doit nous conduire à plus d'humanité.

En conclusion, la philosophie stoïcienne offre une voie exigeante, mais accessible à tous, pour mener une vie plus épanouie et plus sage. En travaillant à la fois sur notre sérénité intérieure et sur nos actions positives dans le monde, elle nous ouvre la voie vers un accomplissement à la fois personnel et social.

Bien sûr, personne ne devient un sage stoïcien accompli du jour au lendemain. C'est un cheminement continu, fait de hauts et de bas.

Mais petit à petit, à force d'efforts et de pratique, chacun peut progresser sur cette voie profondément humaine.

Comme l'écrivait Marc Aurèle : « Le chemin est long, mais poursuivi ». N'en ai-je pas fini, du moins j'aurai fait un bout de chemin ? Continuons donc pas à pas sur ce chemin stoïcien qui mène à une vie plus épanouie, au service du bien commun.

Chapitre 6
Intégrer la sagesse stoïque dans la vie quotidienne

Comme nous le savons, la philosophie stoïcienne est née dans l'Antiquité, mais ses enseignements sur la façon de mener une vie sage et sereine restent d'une étonnante modernité. Au cœur de cette philosophie se trouve l'idée que le bonheur dépend avant tout de notre façon de voir les choses, plus que des événements extérieurs. En transformant notre regard sur le monde et sur nous-mêmes, nous pouvons accéder à une sérénité intérieure profonde, même face aux aléas de l'existence.

Dans ce chapitre, nous allons voir comment intégrer concrètement la sagesse stoïcienne dans notre quotidien, afin de gagner en tranquillité d'esprit. Car le stoïcisme n'est pas qu'une théorie, c'est avant tout une pratique philosophique qui s'applique à tous les aspects de la vie. Voyons pas à pas comment la mettre en œuvre au jour le jour.

Tout d'abord, il est essentiel de bien saisir les principes fondamentaux du Stoïcisme pour orienter nos pensées et nos actions. Les stoïciens considèrent que nombre de nos tourments viennent d'une mauvaise compréhension de ce qui dépend ou ne dépend pas de nous. Par exemple, nous voulons à tout prix contrôler des événements extérieurs qui ne dépendent pas entièrement de notre volonté. Ou nous nous laissons submerger par des émotions incontrôlables.

La clé du bonheur selon les stoïciens est d'accepter sereinement ce qui ne dépend pas de nous, afin de nous concentrer sur ce que nous pouvons maîtriser : nos pensées et nos actes. Comme l'écrivait Épictète, philosophe stoïcien du 1er siècle : « Il y a des choses qui dépendent de nous, d'autres qui n'en dépendent pas ». Celles qui dépendent de nous sont nos opinions, nos mouvements volontaires, nos désirs, nos aversions.

Une fois ce principe de discernement bien intégré, nous pouvons l'appliquer concrètement dans toutes les situations du quotidien. Par exemple, lorsqu'un événement contrariant survient, prendre l'habitude de se dire : « Ceci ne dépend pas entièrement de ma volonté, je l'accepte donc avec sérénité. »

De même, face à l'attitude d'autrui, se rappeler que je ne contrôle pas ses paroles ou ses actes. Je peux chercher à l'influencer avec bienveillance, mais pas à le forcer. Ou encore, face à une émotion difficile, reconnaître qu'elle est hors de mon contrôle total, l'accueillir sans la juger, puis agir de façon réfléchie.

Ainsi, en distinguant ce qui dépend ou non de nous, nous gagnons en sérénité face à de nombreuses situations. Nous comprenons que s'énerver est inutile pour ce que nous ne maîtrisons pas. Nous concentrons nos efforts sur ce que nous pouvons contrôler : nos raisonnements et nos actions justes.

Cette acceptation stoïcienne ne signifie pas de la résignation. Car si nous n'avons pas de prise sur tout, nous pouvons toujours agir vertueusement. Comme l'écrivait Marc Aurèle, empereur-philosophe stoïcien du IIIe siècle : « Le bonheur de ta vie dépend de la qualité de tes pensées. » En transformant nos pensées, nous transformons nos vies.

Comment concrètement améliorer la qualité de nos pensées et de nos actes au quotidien ? Les philosophes stoïciens recommandent un ensemble de pratiques spirituelles régulières pour avancer sur le chemin de la sagesse. Intégrées à notre routine, ces pratiques produisent petit à petit leurs effets bénéfiques.

L'une des plus importantes est la méditation stoïcienne, pour apprendre à maîtriser nos pensées. Il s'agit de pratiquer quotidiennement des temps de pleine conscience, en se concentrant pleinement sur l'instant présent. Par exemple, le matin au réveil, prendre 5 à 10 minutes pour méditer en portant son attention sur sa respiration, sans se laisser distraire par des pensées envahissantes. Cette pratique régulière apporte sérénité et concentration.

Une autre pratique essentielle est celle de l'examen de conscience, pour exercer notre discernement moral et progresser. Le soir, prendre le temps de revoir sa journée dans sa tête, d'identifier les erreurs commises et les progrès réalisés. Ce rituel permet d'analyser sereinement nos actes et de renforcer nos bonnes habitudes.

Les stoïciens recommandent également la pratique de la lecture spirituelle. Lire chaque jour, ne serait-ce que quelques minutes, des textes stoïciens ou inspirants. Cela rappelle les principes de sagesse et nourrit notre réflexion intérieure. On peut par exemple lire des extraits du manuel d'Épictète, des pensées de Marc Aurèle, des lettres de Sénèque, ou des textes modernes s'inscrivant dans cette tradition.

Enfin, se concentrer sur les tâches présentes, quelles qu'elles soient, plutôt que de ruminer sans cesse sur le passé ou l'avenir. Comme l'écrivait Marc Aurèle : « Accomplis chaque action de ta vie comme si c'était la dernière. » Donner le meilleur de soi-même à chaque instant, à la manière des Stoïciens, confère plus de sens à notre quotidien. Avec la

pratique régulière, ces exercices stoïciens produisent des changements profonds à long terme. Mais des progrès sensibles peuvent déjà être constatés au bout de quelques semaines seulement. On se surprend à réagir avec plus de recul et de sérénité dans des situations qui nous auraient auparavant fait sortir de nos gonds. Les soucis quotidiens semblent moins lourds à porter.

Bien entendu, vivre en stoïcien accompli reste un idéal vers lequel tendre, mais qui n'est jamais parfaitement atteint. Chacun avance à son rythme sur ce chemin. L'essentiel est de progresser régulièrement, pas à pas. Comme le disait Sénèque : « Ce qui importe dans une vie, ce n'est pas qu'on ait vécu longtemps, mais qu'on ait vécu assez. »

Intéressons-nous maintenant à quelques situations concrètes de la vie quotidienne, pour voir comment mettre en pratique la sagesse stoïcienne dans nos vies contemporaines. Car ces principes philosophiques sont d'une étonnante modernité.

Prenons par exemple le cas des transports bondés ou des embouteillages, sources de stress fréquentes dans nos vies trépidantes. Lorsque nous sommes coincés dans les bouchons ou entassés dans une rame de métro, il est tentant de s'énerver, de klaxonner ou de râler.

Mais selon l'approche stoïcienne, mieux vaut accepter calmement cette situation, même si elle nous contrarie. Rappelons-nous que la densité de la circulation ou le nombre de voyageurs ne dépendent pas entièrement de notre volonté. Irriter ne changera rien à la situation. En revanche, en acceptant sereinement, nous préservons notre tranquillité intérieure.

Cette réaction stoïcienne s'applique à de nombreux petits désagréments du quotidien : files d'attente interminables, délais non respectés, lenteurs administratives, incivilités, et ainsi de suite. À chaque fois, on peut sélectionner notre réponse : frustration stérile ou acceptation sereine.

Un autre exemple concret est celui des conflits interpersonnels. Que l'on soit bloqué dans notre voiture ou dans une relation difficile, la réponse stoïcienne reste la même : sérénité dans l'acceptation de ce que je ne peux pas changer.

Ainsi, face à une personne au caractère difficile, plutôt que de nous laisser envahir par la colère ou le ressentiment, essayons de comprendre que son attitude découle de sa propre vision du monde. Si nous restons calmes et respectueux malgré les désaccords, cela aidera bien plus à apaiser les tensions.

De même, lorsque nous sommes nous-mêmes d'humeur changeante, nous sachons l'accepter sans nous juger. Comme l'écrivait Sénèque : « Supporte patiemment ton propre caractère et celui des autres. » Nos sautes d'humeur passeront plus vite si nous ne nous y attachons pas outre mesure.

La sagesse stoïcienne s'applique aussi face aux aléas de la santé, autre source fréquente d'inquiétude. Lorsqu'une maladie ou un problème de santé survient, il est naturel d'en ressentir une vive contrariété. Mais les lamentations et le découragement ne changeront rien à la situation.

Selon l'esprit stoïcien, mieux vaut accepter posément ce problème de santé, en concentrant nos efforts sur ce que nous pouvons contrôler : obtenir les meilleurs soins possibles et suivre les recommandations médicales. Le reste ne dépend pas entièrement de notre volonté, aussi est-il plus sage de le considérer avec sérénité.

Cette attitude stoïcienne face à la maladie aide à conserver courage et espoir. Comme l'écrivait Sénèque : « Ce n'est pas parce que je suis malade que je désespère ». Je lutte contre la maladie, mais je ne me livre pas à elle. Garder, malgré l'adversité, un esprit actif et serein : telle est la voie stoïcienne.

Enfin, comment réagir à la perte d'un être cher selon la sagesse antique ? Là encore, les Stoïciens ne recommandaient ni déni de la souffrance, ni effondrement dans le désespoir. Ils prônaient une juste mesure entre l'acceptation sereine et l'expression mesurée de la tristesse.

Marc Aurèle encourageait par exemple à pleurer les défunts, mais sans excès ni lamentations vaines. Car notre chagrin ne changera rien à la mort survenue. Et nos chers disparus n'auraient pas souhaité nous voir annihilés par le chagrin. Honorons-les plutôt par le souvenir reconnaissant.

Ainsi, dans toutes les situations du quotidien, la sagesse stoïcienne nous invite à distinguer ce qui dépend ou non de notre volonté, afin de concentrer nos forces là où elles sont le plus efficaces. Elle nous rappelle que nous avons le pouvoir de choisir nos pensées et nos actes vertueux. Et qu'ainsi, nous pouvons trouver la sérénité malgré les orages de l'existence.

Cultiver quotidiennement cette sérénité stoïcienne demande persévérance et efforts. Mais quel bonheur durable elle apporte en retour ! La pratique régulière transforme peu à peu notre regard sur le monde et sur nous-mêmes. Elle nous aide à accomplir la maxime stoïcienne : « Vouloir les choses comme elles arrivent. »

Dans ce chapitre, nous allons donc voir plus en détail comment intégrer les principes et exercices stoïciens dans tous les aspects de notre vie quotidienne : notre travail, nos relations, nos loisirs, etc. Suivons les nombreux conseils pratiques légués par cette ancestrale sagesse pour gagner chaque jour en sérénité.

Voyons maintenant plus en détail comment appliquer la sagesse stoïcienne dans les différents domaines de notre vie quotidienne.

Dans notre vie professionnelle tout d'abord, de nombreuses sources de stress peuvent surgir : charge de travail excessive, relations difficiles avec des collègues ou des supérieurs, crainte de l'échec... Face à ces difficultés, l'approche stoïcienne consiste à faire de notre mieux dans notre propre sphère d'influence, puis à accepter sereinement le reste.

Concrètement, on peut s'efforcer d'accomplir nos tâches avec diligence et honnêteté, sans se laisser envahir par l'agitation ou la peur de mal faire. Si des critiques injustes surviennent, tâchons de les accueillir avec sérénité plutôt que ressentiment. Et cultivons la vertu de justice, en traitant nos collègues avec respect, quels que soient leurs défauts.

De même, ne nous nourrissons pas de frustration quant à l'avancement hiérarchique. Sachons que notre valeur ne dépend pas du regard des autres ni des récompenses obtenues. L'essentiel est de bien accomplir notre devoir professionnel, au service des autres, quelle que soit notre position.

Dans nos relations amicales également, la sagesse stoïcienne peut nous aider à plus de sérénité. Par exemple, lorsqu'un ami se montre déloyal ou maladroit, évitons de réagir par la colère ou le ressentiment. Efforçons-nous de comprendre ses erreurs avec bienveillance. Nul n'est parfait, et une amitié sincère vaut qu'on lui pardonne ses défauts.

De même, ne soyons pas exigeants quant à l'attention que nos amis doivent nous accorder. Chacun a ses propres obligations et soucis qui accaparent son temps. L'amitié stoïcienne sait se contenter de peu et se réjouir des moments partagés, aussi brefs soient-ils.

Dans notre vie de famille, d'autres défis se présentent pour mettre en pratique la sagesse antique. Avec nos parents, par exemple, les inévitables divergences risquent de virer à l'affrontement si nous n'y prenons garde. Les stoïciens recommandent de dialoguer avec respect malgré les désaccords et d'éviter les querelles stériles. Chacun a son propre chemin à suivre, et une relation aimante vaut qu'on y mette sa fierté de côté.

Avec nos enfants, nous pouvons également tempérer nos attentes pour éviter frustrations et conflits. Chaque enfant se développe à son rythme, selon sa nature propre. Au lieu de vouloir le modeler à notre image, apprenons à le connaître tel qu'il est, à cultiver ses qualités uniques. Son bonheur futur importe plus que nos ambitions personnelles pour lui.

Dans notre vie de couple, là encore, la philosophie stoïcienne peut aider à plus de concorde, en invitant chacun à cultiver les vertus d'empathie et de justice. Au lieu de reprocher à l'autre ses torts, mieux vaut chercher à le comprendre avec bienveillance et à lui manifester notre amour par des actes quotidiens. Les Stoïciens voyaient dans le mariage un partenariat destiné à rendre chacun meilleur, non un champ de bataille d'égoïsmes rivaux.

Même notre vie sociale et nos loisirs peuvent être inspirés par la sagesse antique. Lorsque des amis nous décommandent à la dernière minute pour une sortie prévue de longue date, évitons de nous apitoyer sur cette contrariété et de nourrir du ressentiment. Acceptons plutôt ce changement de projet avec sérénité et sachons en tirer le meilleur parti. Rien ne sert de gâcher le présent par des regrets.

De même, dans nos sorties culturelles, gardons-nous de toute prétention, en appréciant les spectacles et les œuvres pour le plaisir qu'ils procurent, non pour briller en société. La simplicité et l'authenticité sont des vertus louées par les stoïciens.

Enfin, dans l'emploi de notre temps libre, appliquons le conseil de Sénèque : « Aucun instant ne doit être perdu dans l'oisiveté, aucun abandonné tout entier au plaisir. » Trouvons le juste équilibre entre le repos nécessaire au corps et à l'esprit et des occupations enrichissantes, comme la pratique d'arts, la lecture inspirante ou le bénévolat. L'idéal stoïcien est un loisir actif, tourné vers le bien.

Comme nous le constatons, la sagesse stoïcienne peut vraiment s'intégrer dans tous les aspects du quotidien, qu'il s'agisse du travail, de la famille, des loisirs ou des relations sociales. Encore faut-il prendre le temps de la mettre en pratique par des exercices réguliers.

Car appliquer l'approche stoïcienne une ou deux fois ne suffit pas pour en recueillir les bienfaits. C'est une gymnastique spirituelle qu'il faut exercer « avec une constance inébranlable », selon les termes de Marc Aurèle. La régularité importe plus que l'intensité.

Concrètement, il est conseillé de commencer par de courtes pratiques quotidiennes, facilement intégrables dans une journée chargée : 5 à

10 minutes de méditation le matin, quelques minutes de lecture stoïcienne dans les transports, un examen de conscience le soir avant le sommeil...

Ces mini-exercices peuvent paraître dérisoires au début. Mais à l'image des gouttes d'eau qui finissent par creuser la pierre, leur effet cumulé finit par modifier en profondeur notre vision du monde et notre sérénité. L'essentiel est de persévérer patiemment, sans attendre des résultats spectaculaires immédiats.

Pour vous aider dans cette pratique régulière, vous pouvez tenir un journal stoïcien. Notez-y vos réflexions sur la philosophie stoïcienne, les exemples qui vous ont marqué, vos progrès constatés. Cela vous permettra de prendre du recul et de constater par écrit vos avancées, aussi modestes soient-elles.

Vous pouvez également trouver un « compagnon de route » pour avancer ensemble dans la voie stoïcienne, à l'image des disciples réunis autour d'un maître dans l'Antiquité. Chacun aide l'autre à persévérer par son exemple et ses encouragements. Ensemble, discutez de vos lectures, partagez vos expériences, estimez vos progrès.

Il existe aussi de nombreux livres, sites Internet et applications proposant des exercices stoïciens guidés pour tous les jours. Par exemple, la méditation stoïcienne, des entraînements à la concentration, des réflexions guidées, etc. Ces supports modernes peuvent aider à introduire ces pratiques ancestrales dans notre vie moderne.

Enfin, n'oubliez pas de célébrer chaque progrès, aussi petit soit-il. Comme l'écrivait Sénèque : « Le voyage est long par l'accumulation successive de petits pas. » Chaque petit pas nous rapproche du but. Réjouissons-nous du chemin déjà parcouru plutôt que de nous décourager face à l'idéal lointain du sage accompli.

Ainsi, en introduisant la sagesse stoïcienne dans notre quotidien par touches successives, nous transformons progressivement notre regard et nos réactions face aux aléas de l'existence. Ce qui nous attristait ou irritait tant auparavant devient occasion d'exercer notre sérénité.

Bien sûr, vivre en parfait stoïcien reste un travail de longue haleine, fait de hauts et de bas. Inutile de se décourager après chaque trébuchement : ils font partie intégrante du cheminement. L'essentiel est de reprendre notre route dès que possible, en tirant les leçons de nos erreurs passées.

Ainsi, pas à pas, la philosophie stoïcienne nous aide à accomplir un peu mieux chaque jour la maxime de Marc Aurèle : « Le bonheur de ta vie dépend de la qualité de tes pensées. » En transformant nos pensées, nous transformons notre existence.

Dans la suite de ce chapitre, nous continuerons d'explorer des conseils pratiques pour intégrer la sérénité et la sagesse stoïcienne dans tous les pans de notre vie quotidienne contemporaine. Car cette haute philosophie antique recèle un potentiel étonnamment actuel pour notre épanouissement au jour le jour.

Après avoir vu les principes généraux pour intégrer la philosophie stoïcienne au quotidien, intéressons-nous maintenant à quelques situations spécifiques où elle peut nous aider.

Par exemple, la sagesse antique offre des ressources précieuses face à la maladie. Lorsque la maladie frappe, il est naturel d'être d'abord choqué et attristé. Mais le stoïcisme nous exhorte à retrouver assez tôt notre sérénité, pour concentrer nos forces sur ce qui dépend encore de nous : obtenir les meilleurs soins, suivre les prescriptions médicales, entourer le malade d'affection.

Comme l'écrivait Sénèque à son ami Lucilius, lui-même malade : « Prépare-toi à la souffrance plutôt qu'à la mort. » Ce qui compte pour le sage, ce n'est pas de vivre le plus longtemps possible, mais de vivre aussi complètement que possible. Face à la maladie, vivons pleinement chaque instant.

Autre défi : la perte d'un être cher, inévitable épreuve que la philosophie stoïcienne peut adoucir. Certes, le chagrin est normal et doit pouvoir s'exprimer. Mais il ne doit pas nous submerger au point de nous empêcher de vivre. Honorons nos défunts en cultivant les qualités qu'ils chérissaient, sans passer nos journées plongées dans la nostalgie du passé.

Comme l'écrivait Sénèque après la mort de son ami Serenus : « Ne le pleurons pas trop longtemps ». Les larmes ne peuvent pas rappeler les morts. (...) La meilleure consolation est celle que tu puises en toi-même. » Puisons en nous la force de continuer.

La retraite et le vieillissement sont une autre étape de vie où la philosophie stoïcienne montre son utilité. Alors que beaucoup redoutent l'inactivité et les pertes liées à l'âge, les Stoïciens nous invitent à accueillir sereinement cette période de vie. Elle peut être l'occasion de nous consacrer à des activités enrichissantes laissées de côté auparavant, comme la pratique des arts, la transmission ou la sagesse contemplative.

Comme le disait Sénèque, il est tard pour devenir ce que tu n'as pas été. Mais il n'est pas tard pour être ce que tu n'as pas été jusqu'ici. » À tout âge, il est possible de grandir intérieurement. La retraite n'est pas une fin, mais une nouvelle étape.

Enfin, même face à notre propre mort, la philosophie stoïcienne conserve son utilité. Plutôt que de la craindre ou de tenter désespérément de la repousser, elle nous invite à l'accepter sereinement comme partie intégrante de l'ordre naturel. Notre attention doit se porter sur l'instant présent, non sur cette issue encore lointaine.

Comme l'écrivait Marc Aurèle : « Disparaître dans l'ensemble dont tu fais partie ». Ou bien être transformé, dissous, pour aider à la fécondité du tout. Notre mort elle-même joue un rôle nécessaire dans le Grand Cycle de la nature. Acceptons-la donc avec sérénité.

Ainsi, du matin au soir, à tous les âges de la vie, la sagesse intemporelle des Stoïciens nous aide à affronter les joies et les peines de l'existence avec plus de sérénité. En transformant petit à petit notre regard sur le monde et sur nous-mêmes, elle nous ouvre la voie du bonheur durable, même au cœur des tempêtes.

Bien sûr, suivre pleinement l'idéal stoïcien demande des efforts constants, et nul n'y parvient totalement. Mais quand bien même nous n'en appliquerions que des bribes, celles-ci suffisent déjà à éclairer nos vies. Comme l'écrivait Marc Aurèle : « Fais de ton mieux, et puis relâche-toi. »

L'essentiel est de progresser graduellement sur cette voie profondément humaine, qui donne sens et cohérence aux différentes étapes de notre existence. En appliquant la raison et la vertu stoïciennes à nos joies comme à nos peines, nous accédons à une vie plus accomplie.

Ainsi s'achève cette introduction sur les moyens concrets d'intégrer la sagesse stoïcienne antique à notre vie quotidienne moderne. Puissions-nous appliquer et approfondir ces principes au fil des jours, pour goûter la sérénité intérieure à laquelle aspiraient déjà les grands philosophes d'autrefois. La voie stoïcienne reste plus que jamais d'actualité pour notre épanouissement.

6.1 Exercices pratiques pour cultiver la sagesse dans le monde moderne

La philosophie stoïcienne connaît un regain d'intérêt dans notre monde contemporain, car elle propose des outils toujours pertinents pour trouver l'équilibre intérieur et la sérénité. Voyons quelques exercices inspirés de cette tradition antique, que chacun peut pratiquer au quotidien pour cultiver la sagesse.

Tout d'abord, l'exercice du matin est une excellente façon de démarrer la journée du bon pied. Les stoïciens recommandaient de prendre chaque matin un temps pour soi afin de se recentrer. Assis tranquillement, faites quelques minutes de méditation en portant votre attention sur votre souffle. Vous pouvez également tenir un journal et y noter vos réflexions stoïciennes ou tout ce pour quoi vous êtes reconnaissant. Cet exercice matinal aide à entamer la journée dans un état d'esprit serein et concentré.

Autre exercice clef : la réserve de jugement. Dans les situations qui vous contrarient, abstenez-vous pendant un temps de juger ou de blâmer. Contentez-vous d'observer la situation objectivement. Demandez-vous : « Les choses sont-elles exactement comme je le crois ? » Ce recul vous aide à réagir avec plus de raison et moins d'émotion. Il permet d'éviter bien des conflits inutiles.

Les Stoïciens insistaient également sur l'importance de distinguer, à chaque fois, ce qui dépend de nous et ce qui n'en dépend pas. Lorsque quelque chose vous trouble, faites cet exercice : demandez-vous : « Cela dépend-il entièrement de moi ? » Si ce n'est pas le cas, acceptez-le tranquillement. Concentrez-vous seulement sur ce que vous contrôlez : vos actes vertueux.

Pour renforcer votre sérénité, vous pouvez pratiquer l'exercice de préparation. Imaginez des scénarios difficiles comme la perte d'un emploi ou d'un bien. Visualisez votre réaction sage et digne. Ce type de préparation mentale vous rendra plus résilient lorsque des épreuves surviendront.

L'examen de conscience, le soir venu, était également recommandé par les philosophes stoïciens. Allongez-vous tranquillement et repassez votre journée dans votre tête. Qu'avez-vous fait de bien, de mal ? Cet exercice permet de mieux vous connaître et de vous améliorer.

Pour donner un sens plus profond à votre quotidien, vous pouvez choisir chaque matin une maxime stoïcienne à méditer dans la journée. Par exemple : « Le bonheur dépend de la qualité de vos pensées », « Le présent seul est nôtre », « Traitez autrui comme vous aimeriez être traité ». Ces pensées inspirantes guideront vos actes.

Dans toutes vos activités, portez votre attention sur le moment présent, sans rumination sur le passé ou le futur. Les stoïciens voyaient le présent comme un cadeau qu'il ne faut pas gâcher, en laissant son esprit vagabonder. Concentrez-vous pleinement sur l'action présente.

Enfin, analysez régulièrement vos progrès, même les plus petits. Tenez un journal stoïcien où vous notez vos avancées, par exemple : rester calme en situation de stress, pratiquer la réserve de jugement, agir avec altruisme. Ces victoires vous encourageront à persévérer.

Voilà quelques suggestions d'exercices inspirés de la tradition stoïcienne antique, que vous pouvez facilement intégrer à votre vie moderne pour y insuffler plus de sagesse. Commencez petit à petit et soyez régulier dans votre pratique. C'est par une gymnastique philosophique quotidienne que l'on cultive durablement sérénité et raison.

Regardons maintenant plus en détail certains de ces exercices fondamentaux, ainsi que des conseils pratiques pour bien les pratiquer au jour le jour dans notre monde contemporain.

Tout d'abord, attardons-nous sur l'exercice clef de la méditation matinale stoïcienne. Comme nous l'avons vu, prendre un temps de recueillement chaque matin permet de commencer la journée dans un état d'esprit philosophe. Mais comment s'y prendre concrètement ?

Pour commencer, choisissez le moment qui vous convient le mieux pour méditer après le réveil, lorsque vous êtes frais et dispos. Installez-vous confortablement en position assise, dans un endroit calme. Fermez les yeux. Portez premièrement votre attention sur votre respiration : observez l'air qui entre et qui sort de vos poumons. Concentrez-vous ensuite sur les bruits environnants. Enfin, laissez votre esprit vagabonder librement.

Cette méditation d'une dizaine de minutes centrée sur le moment présent permet de commencer la journée avec sérénité. Vous pouvez également tenir un journal stoïcien, où vous notez brièvement vos réflexions du matin. Par exemple, écrivez les choses pour lesquelles vous êtes reconnaissant, ou ce que vous aimeriez améliorer en vous.

Autre exercice fondamental à pratiquer au quotidien : l'attention constante portée à nos jugements et impressions. Selon les Stoïciens, nombre de nos tourments viennent d'opinions erronées ou hâtives. Il importe donc d'examiner en permanence la validité de nos pensées.

Par exemple, si une remarque d'un collègue vous blesse, prenez du recul avant de vous formaliser. Demandez-vous : mon jugement est-il objectif ? N'ai-je pas surinterprété cette remarque ? En suspendant ainsi régulièrement votre jugement, vous éviterez bien des conflits inutiles engendrés par une pensée trop impulsive.

De même, si vous êtes déçu, car un ami n'a pas respecté un rendez-vous, revenez à des pensées plus justes : « Il a sûrement été retenu par un imprévu. » Son amitié n'en est pas moins sincère. Ce recul rationnel vous épargnera ressentiment et amertume.

En cas de contrariété, demandez-vous aussi : « Cette contrariété dépend-elle vraiment de moi ? » Si ce n'est pas le cas, votre sérénité n'a pas à être affectée. Concentrez-vous sur ce qui dépend de vous : votre propre comportement vertueux.

Ainsi, en examinant constamment la qualité de vos pensées et en distinguant ce qui dépend ou non de vous, vous gagnerez en sagesse et en maîtrise de vous-même, selon l'idéal stoïcien.

Venons-en maintenant à l'exercice clef de l'attention portée au moment présent. Les stoïciens considéraient le temps comme notre bien le plus précieux. Il ne faut donc pas le gâcher en laissant notre esprit vagabonder dans le passé ou le futur. L'essentiel est de vivre pleinement l'instant présent.

Comment concrètement exercer cette pleine conscience du moment présent ? Avant toute activité, prenez le temps de vous concentrer pleinement : par exemple, avant de manger, contemplez vos aliments en pleine conscience ; avant une discussion, portez attention à votre interlocuteur. Si votre esprit s'échappe, ramenez doucement votre attention sur l'instant actuel.

Cet entraînement peut se pratiquer partout : dans les transports en commun, concentrez-vous sur votre respiration ; dans la nature, contemplez pleinement chaque détail ; dans vos loisirs, focalisez-vous sur chaque action. Ainsi, vous apprendrez à savourer l'instant et à moins ressasser le passé ou le futur.

Enfin, intéressons-nous à l'exercice clef de l'examen du soir, qui permet de clore la journée stoïcienne en beauté. Allongez-vous tranquillement et repassez dans votre tête votre journée écoulée. Qu'avez-vous fait de bien, d'utile aux autres ? Quelles erreurs devriez-vous corriger ?

Cette introspection quotidienne permet de mieux vous connaître et de renforcer vos bonnes habitudes. Vous pouvez également tenir un journal où sont consignés vos progrès. Par exemple : « J'ai pratiqué la réserve de jugement lors d'une dispute », « J'ai aidé un voisin en difficulté ».

Ainsi, au fil des semaines, vous constaterez vos progrès, aussi petits soient-ils. Rappelez-vous cette maxime de Sénèque : « Une seule journée bien employée donne joie sur joie. » Chaque petit pas compte

En intégrant régulièrement ces exercices stoïciens dans votre routine, vous cultiverez ainsi sagesse et sérénité durablement. Votre vision du monde et vos réactions face aux événements se transformeront petit à petit. Vous goûterez le bonheur véritable, dans l'acceptation sereine de ce qui est et l'accomplissement vertueux de votre devoir.

Nous avons vu certains exercices clefs de la tradition stoïcienne et des conseils pour les mettre en pratique au quotidien. Intéressons-nous maintenant à la façon d'intégrer la sagesse antique dans quelques situations spécifiques de la vie moderne.

Par exemple, la philosophie stoïcienne peut nous aider à mieux appréhender le monde du travail et ses difficultés. Face à une charge de travail excessive, appliquez la vertu de tempérance : ne vous épuisez pas à la tâche au détriment de votre santé. Concentrez-vous sur les actions essentielles, que vous accomplirez avec diligence et sérénité.

Si vous subissez des critiques injustes, avant de vous formaliser, examinez objectivement s'il n'y aurait pas une part de vérité à en retenir, que ce soit pour vous améliorer ou pour mieux comprendre votre détracteur. Pratiquez aussi l'acceptation stoïcienne : ne laissez pas ces propos entamer votre sérénité.

Face à l'agressivité ou à la malhonnêteté de collègues, réagissez avec bonté et fermeté. Ne vous rabaissez pas à leur niveau, mais exprimez posément votre désaccord et rappelez les principes éthiques qui doivent primer au travail. Vous désarmerez ainsi bien des tensions.

Si vous stressez à l'idée d'un entretien professionnel ou d'une évaluation, visualisez-vous répondant avec calme et assurance. Rappelez-vous que votre valeur ne dépend pas du regard des autres. Préparez-vous consciencieusement, puis faites de votre mieux avec sérénité.

Ainsi, en temps de crise comme en temps calme, la sagesse antique peut vous aider à traverser les épreuves du monde du travail avec plus de sérénité, en distinguant ce qui dépend ou non de vous.

Voyons à présent comment mettre en pratique la philosophie stoïcienne dans notre vie relationnelle et familiale. Par exemple, si un proche vous déçoit par des paroles blessantes, prenez d'abord du recul avant de réagir. Demandez-vous : « N'ai-je pas surinterprété ses propos ? » N'a-t-il pas parlé sous le coup de la colère ? Répondez ensuite avec calme et bienveillance.

De même, si un ami traverse une période difficile, montrez-lui empathie et soutien, sans juger ses erreurs. Considérez que nul n'est parfait et que l'amitié véritable se mesure dans les mauvais jours. Aidez-le à retrouver la voie de la sagesse par votre exemple vertueux.

Dans votre vie de couple, appliquez la règle stoïcienne de ne pas vouloir changer l'autre malgré ses défauts, mais de vous concentrer sur votre propre comportement exemplaire. Montrez à votre conjoint patience et douceur ; vos reproches n'amélioreront rien. Votre sagesse sera le meilleur exemple.

Avec vos enfants, sachez reconnaître leurs qualités uniques au lieu de vouloir les modeler selon vos ambitions personnelles. Guidez-les avec bienveillance sur la voie de la raison et de la vertu, en restant à l'écoute de leurs aspirations propres. Aidez-les à développer le meilleur d'eux-mêmes.

Ainsi, dans toutes nos relations, la philosophie stoïcienne nous rappelle d'accueillir autrui avec compréhension, de concentrer nos efforts sur notre propre comportement vertueux et de toujours donner le meilleur exemple.

Penchons-nous à présent sur la façon d'aborder les loisirs de manière sage. Par exemple, si des amis annulent une sortie prévue de longue date, acceptez ce contretemps avec sérénité plutôt que de nourrir du ressentiment. Savourez le moment présent : voyez dans cet imprévu l'occasion d'activités plus adaptées à votre humeur du jour.

Dans vos voyages, portez attention aux richesses culturelles locales, à la beauté des paysages, plutôt que de passer votre temps à chercher le confort d'une vie quotidienne illusoire. Imprégnez-vous de ce que chaque lieu unique peut vous apporter.

Lors d'événements sportifs ou culturels, gardez votre sens de la mesure : appréciez le spectacle ou soutenez votre équipe avec ferveur, mais sans excès ni obsession. Sachez aussi accepter dignement la défaite. L'essentiel est de participer et d'apprécier l'instant.

Dans l'emploi de votre temps libre, trouvez un équilibre entre le repos nécessaire et des activités enrichissantes, comme la lecture, la pratique d'arts, la contemplation de la nature. L'otium stoïcien est un loisir actif et sage.

Ainsi, dans tous vos moments de détente, la philosophie stoïcienne vous invite à vivre pleinement l'instant présent, à goûter les plaisirs avec mesure, à accepter les aléas avec sérénité. Vous gagnerez en sérénité.

Intéressons-nous enfin à certains défis spécifiques de l'existence où la sagesse antique montre toute son utilité. Par exemple, face à la maladie, allez avec courage, patience et sérénité. Mieux vaut accepter votre état avec calme et suivre scrupuleusement vos traitements, plutôt que de vous lamenter vainement sur votre sort. Ayez confiance dans les capacités de votre corps à se rétablir.

Lors du vieillissement, voyez cette période non comme une déchéance, mais comme l'occasion de vous consacrer à des activités longtemps négligées, comme la sagesse contemplative ou la transmission de votre expérience. Il est possible de continuer à grandir humainement jusqu'au dernier souffle.

Face à la mort d'un proche, accordez-vous un temps pour exprimer votre chagrin, qui est normal. Mais ensuite, efforcez-vous de retrouver paix et sérénité, pour honorer la mémoire des défunts par une vie accomplie. L'acceptation stoïcienne adoucit les deuils.

Ainsi, dans toutes les circonstances, la philosophie stoïcienne nous aide à répondre aux défis de l'existence par la raison, la vertu et la sérénité. En méditant ses principes et en pratiquant ses exercices, nous accédons à une vie plus sage et sereine.

6.2 Conte final : le périple du sage contemporain vers l'équilibre

Il était une fois un homme sage nommé Marc qui vivait dans une grande ville trépidante. Philosophe stoïcien passionné, Marc aspirait à la tranquillité de l'âme et à une vie harmonieuse, en accord avec la nature et la raison.

Un matin, alors qu'il méditait sur son balcon, Marc ressentit un profond malaise. Il réalisa que le tumulte de la ville, ses désirs effrénés de possessions matérielles et ses relations superficielles l'empêchaient d'atteindre l'ataraxie, cet état de sérénité et d'équilibre prôné par les Stoïciens.

Déterminé à retrouver son équilibre, Marc prit une décision : il quitterait la ville pour un long périple à la recherche de la sagesse, en communion avec la nature. Après avoir mis de l'ordre dans ses affaires, il prépara un modeste bagage, laissa ses biens derrière lui et partit sans se retourner.

Lors de la première étape de son voyage, Marc traversa des campagnes bucoliques. Le chant des oiseaux, le murmure du vent dans les arbres et la beauté des paysages apaisèrent son âme agitée. Le soir venu, il s'endormit paisiblement sous un arbre, bercé par la nature.

Après quelques jours de marche, Marc atteignit la mer. Sur la plage déserte, il contempla en silence le va-et-vient des vagues, respirant l'air marin vivifiant. Le temps semblait suspendu. La sérénité l'envahit.

Continuant son chemin, il traversa des forêts majestueuses. Là, il observa avec fascination la faune et la flore, prenant conscience de l'harmonie parfaite de la nature. Chaque soir, il trouvait refuge dans une grotte ou sous un pin, se nourrissant de baies sauvages.

Au fil des semaines, Marc apprit à mieux se connaître, à identifier ses peurs et ses désirs. Il prit l'habitude de tenir un journal où il couchait ses réflexions et ses progrès sur la voie de la sagesse. Vivre au rythme de la nature l'aida à cultiver les vertus stoïciennes : la tempérance, le courage, la justice.

Un jour, au cœur des montagnes escarpées, Marc atteignit un monastère isolé. Les moines vivaient en autarcie, cultivant la terre et méditant. Ils l'accueillirent chaleureusement.

Pendant plusieurs mois, Marc étudia avec les moines les textes philosophiques anciens. Il apprit à mieux maîtriser ses passions par la discipline ascétique. Bien que la vie au monastère fût paisible, Marc ressentit le besoin de reprendre son chemin. Les moines comprenaient : la voie de la sagesse est unique à chacun.

Après d'émouvants adieux, Marc reprit la route. Il traversa le désert, affrontant la chaleur écrasante le jour et le froid glacial la nuit. Dans cette nature aride, il trouva une beauté mystérieuse qui le fascina. Le désert l'obligea à puiser au plus profond de ses ressources intérieures.

Au terme de ce voyage initiatique qui dura plusieurs années, Marc atteignit un état de profonde sérénité. En harmonie avec lui-même et avec le monde, il avait enfin trouvé l'équilibre si cher aux Stoïciens.

Désireux de partager son expérience, Marc décida de revenir vivre parmi les hommes. De retour dans la ville trépidante, il observa avec sérénité l'agitation ambiante. Installé dans une modeste maison, il reçut ceux qui désiraient suivre la voie de la sagesse stoïcienne. Grâce à ses conseils avisés, beaucoup trouvèrent à leur tour l'équilibre et la paix intérieure.

Ainsi, après un long périple initiatique, le sage contemporain Marc parvint à l'ataraxie en vivant selon les préceptes du stoïcisme : simplicité, maîtrise des passions, communion avec la nature et raison comme guide. Son exemple inspire ceux qui aspirent eux aussi à une vie harmonieuse.

Morale de l'Histoire :

Ce conte met en lumière plusieurs éléments clés de la philosophie stoïcienne :

- La quête de la tranquillité de l'âme (ataraxie) par la sagesse et la vertu. Le sage Marc aspire à l'équilibre intérieur.

- Le retour à la nature, loin de l'agitation des villes, pour retrouver la sérénité.

- La discipline ascétique pour maîtriser ses passions et ses désirs. Les moines vivent sobrement, en autarcie.

- Le détachement des biens matériels jugés sans valeur réelle. Marc abandonne tous ses biens pour partir.
- Le courage et la persévérance lors des épreuves, symbolisées par le désert.
- La raison comme guide de conduite plutôt que les émotions. Marc tient un journal réflexif.
- Le partage des enseignements stoïciens avec sagesse et humilité.

Ainsi, par un long cheminement philosophique, Marc parvient à la sagesse et à l'équilibre intérieur prôné par le stoïcisme.

Conclusion

Au terme de ce recueil de sept contes inspirés de la philosophie stoïcienne, j'espère vous avoir transmis quelques enseignements clés pour cultiver la sérénité au quotidien et mieux gérer le stress.

Dans nos vies trépidantes, il est facile de se laisser emporter par le tourbillon des émotions et des soucis, perdant ainsi notre équilibre intérieur. Le stoïcisme, par ses préceptes de sagesse ancestrale, nous montre une voie possible pour retrouver la paix de l'esprit et l'harmonie avec soi-même et le monde.

À travers les péripéties de personnages aux prises avec des défis universels – la colère, la tristesse, la peur, le découragement – j'ai tenté d'illustrer des principes stoïciens qui peuvent nous aider à naviguer les hauts et les bas de l'existence.

Tout d'abord, les Stoïciens nous invitent à faire preuve d'une saine distance face à ce qui nous arrive. Plutôt que de réagir impulsivement, prenons du recul et demandons-nous : « Est-ce vraiment si grave ? » Cet espace de réflexion nous aide à relativiser et à retrouver notre calme.

Ils nous rappellent également que nous ne contrôlons pas tout. Nous ne maîtrisons que nos pensées et nos actes, non les événements extérieurs. En acceptant avec sérénité ce que nous ne pouvons changer, nous gagnons en tranquillité d'esprit.

Le stoïcisme prône aussi de se concentrer sur le présent, sans ressasser un passé révolu ni s'inquiéter d'un futur incertain. Être pleinement dans l'instant présent nous aide à savourer ce que la vie nous offre, même dans la difficulté.

Cultiver la tempérance en modérant nos désirs et nos aversions est une autre clé importante pour atteindre l'équilibre. De même, faire preuve de courage, de justice et de sagesse nous rapproche de cet idéal du sage stoïcien, libéré des passions déstabilisantes.

J'espère que ces contes et leurs enseignements vous inspirent à intégrer davantage de philosophie dans votre quotidien. La pleine conscience stoïcienne se cultive progressivement, par de petits gestes, jusqu'à devenir un réflexe.

Lorsque la colère, la peur ou le stress vous gagnent, souvenez-vous de respirer profondément. Observez vos émotions sans vous y identifier. Relativisez la situation et recentrez-vous sur l'instant présent. Puisez votre force intérieure et gardez confiance en vos ressources pour traverser cette passe difficile.

Avec de la pratique patiente, vous parviendrez peu à peu à cette sérénité d'esprit que recherchaient les Stoïciens. Vous réaliserez que vous portez en vous la capacité de transformer les obstacles en opportunités de croissance personnelle.

Je vous souhaite de tout cœur de trouver, grâce à ces histoires et ces exercices, un peu plus de paix et d'équilibre dans votre vie. Puissent ces outils stoïciens vous accompagner longtemps, vous soutenant dans les hauts et les bas du chemin.

Bonne route sur votre propre voie de sagesse.

Un peu d'histoire…

Zénon de Citium

Zénon de Citium était un philosophe grec antique né vers 334 av. J.-C. à Citium, une ville de Chypre. Il est surtout connu comme le fondateur de l'école philosophique stoïcienne.

Zénon a entamé sa carrière en tant que commerçant, mais après avoir survécu à un naufrage, il s'est tourné vers la philosophie. Influencé par les idées de Socrate, il a étudié avec les cyniques avant de développer sa propre philosophie.

La principale contribution de Zénon à la philosophie est la fondation de l'école stoïcienne à Athènes vers 301 av. J.-C. Les Stoïciens enseignaient la vertu comme le bien suprême, la sagesse comme la connaissance de la nature divine et la tranquillité d'esprit comme le résultat de l'acceptation des événements conformes à la nature.

Zénon a écrit de nombreux ouvrages, mais malheureusement, la plupart d'entre eux ont été perdus au fil du temps. Néanmoins, ses idées ont exercé une influence durable sur la philosophie antique et ont été transmises à travers les écrits de ses successeurs, tels que Cléanthe et Chrysippe. La philosophie stoïcienne a également laissé une empreinte durable dans le monde occidental, influençant des penseurs tels que Sénèque, Épictète et Marc Aurèle. Zénon de Citium est décédé vers 262 av. J.-C.

Cléanthe

Cléanthe est un philosophe grec ancien et le deuxième chef de l'école stoïcienne, succédant à Zénon de Citium. Il est né vers 330 av. J.-C. à Assos, une ville de la province de Troade, en Asie Mineure.

Comme Zénon, Cléanthe a également commencé sa vie en tant que commerçante avant de se tourner vers la philosophie. Il aurait découvert la philosophie stoïcienne en lisant les œuvres de Zénon, ce qui l'a profondément influencé et l'a conduit à devenir son étudiant.

Après la mort de Zénon, Cléanthe lui a succédé en tant que chef de l'école stoïcienne à Athènes. Il a présidé l'école pendant environ 32 ans, de 262 av. J.-C. jusqu'à sa mort en 232 av. J.-C. Cléanthe a contribué au développement de la philosophie stoïcienne en consolidant et en développant les idées de son prédécesseur. Il a de plus rédigé plusieurs ouvrages, mais malheureusement, la plupart de ses écrits ont été perdus au fil du temps.

On se souvient de Cléanthe comme d'un philosophe stoïcien fidèle, consacré à la recherche de la sagesse et à la pratique de la vertu. Son enseignement a été transmis à ses élèves, dont le plus célèbre était Chrysippe, qui a continué à jouer un rôle majeur dans le développement de la philosophie stoïcienne.

Chrysippe

Chrysippe était un philosophe grec antique, né vers 279 av. J.-C. à Soloi, en Cilicie (maintenant Chypre). Il est surtout connu comme le troisième chef de l'école stoïcienne, succédant à Cléanthe.

Chrysippe a étudié la philosophie à Athènes et a été fortement influencé par les enseignements stoïciens de Zénon, de Citium et de Cléanthe. Il est devenu un membre éminent de l'école stoïcienne et a finalement été élu chef de l'école après la mort de Cléanthe en 232 av. J.-C.

Chrysippe a exercé une influence significative sur la philosophie stoïcienne en consolidant et en développant ses doctrines. Il a écrit de nombreux ouvrages, estimés à plus de 700, abordant divers sujets tels que l'éthique, la logique, la physique et la théologie.

Son travail dans le domaine de la logique était particulièrement influent, et il a introduit de nouvelles idées et distinctions qui ont exercé une influence durable sur la pensée philosophique. Cependant, la plupart de ses écrits n'ont pas survécu jusqu'à nos jours, et nous connaissons ses idées principalement à travers les citations et les références faites par d'autres philosophes anciens.

Chrysippe a continué à développer et à promouvoir les principes stoïciens jusqu'à sa mort en 206 av. J.-C. à Athènes. Son héritage a perduré à travers les générations de stoïciens et son influence a marqué la tradition stoïcienne pendant de nombreux siècles.

Marc-Aurèle

Marc Aurèle, né le 26 avril 121 à Rome, était un empereur romain et un philosophe stoïcien. Il est également connu sous le nom de Marcus Aurelius Antoninus. Il appartient à ce que l'on appelle la dynastie des Antonins.

Marc Aurèle a été adopté par l'empereur Antonin le Pieux, son oncle, et a finalement succédé à celui-ci en tant qu'empereur en 161 après sa mort. Son règne a été principalement marqué par des défis militaires, notamment les guerres contre les Parthes, les Germains et les Sarmates.

En plus de ses responsabilités en tant qu'empereur, Marc Aurèle était aussi un philosophe stoïcien passionné. Ses pensées et réflexions personnelles ont été consignées dans un ensemble de textes intitulé Méditations. Ces écrits sont considérés comme l'une des œuvres les plus importantes de la philosophie stoïcienne et offrent un aperçu de la manière dont Marc Aurèle a appliqué les principes stoïciens à sa vie quotidienne. Y compris la gestion du pouvoir et la résilience face aux épreuves.

Marc Aurèle est décédé le 17 mars 1800 à Vindobona (l'actuelle Vienne, en Autriche) pendant une campagne militaire. Sa méditation philosophique, axée sur la vertu, la sagesse et l'acceptation du destin, a continué d'influencer les penseurs à travers les âges et a contribué à établir sa réputation en tant que philosophe-empereur.

Sénèque

Sénèque, né vers l'an 4 av. J.-C. à Cordoue, en Hispanie (l'actuelle Espagne), est un philosophe, homme d'État et dramaturge romain de l'époque impériale. Il est surtout connu pour son rôle de conseiller à la Cour de l'empereur Néron.

Sénèque a été éduqué à Rome et a étudié la philosophie, se consacrant principalement à la philosophie stoïcienne. Il a acquis une réputation en tant qu'orateur et avocat avant de devenir le précepteur de Néron, qui est devenu empereur en 54.

En tant que conseiller impérial, Sénèque a exercé une influence considérable sur Néron, l'incitant à adopter des politiques plus modérées au début de son règne. Cependant, les relations entre les deux hommes ont finalement pris une tournure négative. Sénèque s'est retiré de la vie publique et a été impliqué dans la conspiration de Pison en 65, une tentative de renverser Néron, bien que le rôle exact de Sénèque dans la conspiration soit discuté.

Accusé de complicité, Sénèque a été contraint de se suicider par ouverture des veines en 65, une mort conforme aux principes stoïciens qu'il avait enseignés. Sa philosophie, axée sur la sagesse, la vertu et la maîtrise de soi, a été transmise à travers ses nombreux écrits, parmi lesquels ses lettres et ses traités philosophiques, dont Lettres à Lucilius et De la colère.

Sénèque est aujourd'hui reconnu comme l'un des principaux représentants de la philosophie stoïcienne et ses œuvres continuent d'exercer une influence significative sur la pensée éthique et philosophique.

Épictète

Épictète était un philosophe stoïcien de l'Antiquité, né vers l'an 50 à Hiérapolis, en Phrygie (aujourd'hui Pamukkale, en Turquie). Il est surtout connu pour son enseignement sur la philosophie stoïcienne, qui mettait l'accent sur la sagesse, la maîtrise de soi et l'acceptation des choses que l'on ne peut pas changer.

Épictète a été esclave dans sa jeunesse, appartenant à un riche secrétaire d'affaires romain. Malgré cette condition, il a eu l'occasion d'étudier la philosophie stoïcienne sous la direction de son maître. Plus tard, après avoir obtenu sa liberté, Épictète s'est consacré à l'enseignement de la philosophie stoïcienne à Rome.

Il n'a pas laissé d'écrits personnels, mais ses enseignements ont été enregistrés par son disciple Arrien, qui a compilé les entretiens (ou discours) d'Épictète. Ces discours étaient destinés à guider les étudiants sur la voie de la vertu, de la sagesse et de la tranquillité intérieure.

L'enseignement d'Épictète mettait l'accent sur la distinction entre ce qui dépend de nous (nos pensées, nos attitudes) et ce qui ne dépend pas de nous (les événements externes, les actions des autres). Il encourageait ses élèves à cultiver la vertu, à accepter les circonstances avec sérénité et à ne pas s'attacher excessivement aux choses matérielles.

Épictète a exercé une influence significative sur la philosophie stoïcienne et a laissé un héritage durable dans la pensée philosophique. Ses idées continuent d'inspirer de nombreuses personnes à travers le monde, intéressées par la sagesse et la recherche d'une vie éthique.

Lexique

Apathie : absence totale de passions et d'émotions qui permet d'atteindre l'ataraxie (tranquillité de l'âme). Les stoïciens considèrent les passions comme des maladies de l'âme, qu'il faut éradiquer. Par l'apathie, le sage parvient à un état d'équanimité absolue, ne se laissant affecter par aucun événement.

Ataraxie : tranquillité parfaite de l'âme, exempte de troubles et d'agitations. L'ataraxie est le but ultime de la sagesse stoïcienne, fruit d'une âme complètement libérée des passions par l'apathie. Le sage stoïcien conserve, en toutes circonstances, son calme intérieur.

Cosmopolitisme – Doctrine affirmant l'unité du genre humain et considérant chaque être humain comme citoyen à part entière du monde. Contre les distinctions conventionnelles entre les peuples, le cosmopolitisme stoïcien postule une communauté de destins de tous les hommes.

Devoir – Obligation morale découlant de la droite, raison à laquelle il convient de se soumettre vertueusement. Le devoir premier du stoïcien est de vivre conformément à la nature en pratiquant la vertu, et ce, en dépit des difficultés.

Destin : enchaînement rationnel et nécessaire de toutes les causes qui déterminent à l'avance les événements du monde. Pour les stoïciens, le destin est identique à la Providence divine et doit être accepté avec sérénité.

Éthique : science du comportement moral visant à déterminer la nature du souverain bien et les moyens d'y parvenir. L'éthique stoïcienne définit le Souverain Bien comme la vertu, qui permet à elle seule d'atteindre le bonheur.

Impassibilité : disposition d'âme permettant de supporter absolument tous les maux avec une parfaite sérénité. L'impassibilité du sage stoïcien découle de l'apathie et lui permet de faire face aux pires tourments sans ciller.

Logos : Raison divine qui ordonne l'univers et le pénètre entièrement. Principe actif, organisateur du monde, le logo stoïcien est à la fois immanent et transcendant. Il s'identifie à la Providence.

Nature – Principe fondateur de l'univers physique, mais aussi de l'ordre moral. La Nature désigne l'enchaînement rationnel des causes efficientes qui régissent le cosmos dans son ensemble.

Pathos : passion violente qui affecte et trouble profondément l'âme humaine. Les stoïciens condamnent les pathètes comme la colère, le désir effréné ou la peur, sources de souffrances. Ils prônent de s'en libérer.

Sage : être humain ayant atteint par la raison un état de perfection morale absolue. Le sage stoïcien incarne un idéal de vie autarcique maîtrisant parfaitement ses passions.

Vertu : disposition stable de l'âme conforme à la raison naturelle et universelle. La vertu stoïcienne comprend la prudence, la justice, la force d'âme et la tempérance. Sa pratique constante mène au bonheur.

Références

Pigler, A. (2022). *Les stoïciens,* Presses universitaires de France.
Résumé : Ouvrage présentant de manière synthétique les principaux concepts et idées développés par les philosophes stoïciens.

Gourinat, J.-B. (2020). *Les stoïciens et l'âme.* Vrin.
Résumé : Analyse approfondie de la conception stoïcienne de l'âme, de sa nature et de son rôle dans le système philosophique stoïcien.

Babut, D. (2019). *La philosophie stoïcienne,* Presses universitaires de France.
Résumé : Présentation claire et accessible des grands thèmes de la philosophie stoïcienne : logique, physique, éthique.

Laurent, J. (2002). *La mesure de l'homme : les stoïciens et l'évaluation des choses,* Les Belles Lettres.
Résumé : Étude du rapport des stoïciens à l'évaluation des choses et de leur conception d'une mesure objective basée sur la raison.

Reydams-Schils, G. (2003). *Les Stoïciens et l'âme : l'ostéologie stoïcienne et son interprétation augustinienne.* Vrin.
Résumé : Analyse de la conception stoïcienne de l'âme et de son interprétation par saint Augustin.

Brunschwig, J. (2000). *Le stoïcisme.* Dans M. Canto-Sperber (dir.), Philosophie grecque (p. 485-562). Presses universitaires de France.
Résumé : Chapitre détaillant les concepts centraux du stoïcisme : matérialisme, théorie de la connaissance, éthique.

Gourinat, J.-B. (2000). *Les stoïciens et l'âme*. Presses universitaires de France.
Résumé : Exploration approfondie de la psychologie et de l'éthique stoïciennes à travers le concept d'âme.

Babut, D. (2003). *La philosophie stoïcienne de Zénon à Marc Aurèle*, Le Livre de Poche
Résumé : synthèse retraçant l'histoire et l'évolution des idées stoïciennes des débuts à Marc Aurèle.

Nussbaum, M. C. (2009). *Les émotions démocratiques : Comment former le citoyen du XXIe siècle ?* (C. Chapuis, trad.). Flammarion. (Ouvrage original publié en 2016 sous le titre Anger and Forgiveness : Resentment, Generosity, Justice).
Résumé : Ouvrage analysant la conception stoïcienne des émotions et son apport potentiel à la philosophie politique contemporaine.

Pigler, A. (2005). *Le stoïcisme.* Dossier pour la science, 43, 102-107.
Résumé : Article de synthèse présentant les grands principes de la philosophie stoïcienne et ses apports.

Du même auteur que...

1. Motivation and Empowerment | Coloring book for adult: Visualize and progress towards your goals.
URL: https://www.amazon.com/dp/B0CN6RT1VW

2. Scènes de Noël à la Campagne: Livre de Coloriage Relaxant
URL: https://www.amazon.ca/dp/B0CMJ87SKY

3. Cat Mandalas: An Artistic and Meditative Journey | Adult colouring book
URL: https://www.amazon.com/dp/B0C9S5HMRK

4. Coloured Dreams: An Artistic Journey into the Hearts of Native Dream Catchers: Discover the wisdom and beauty of First Nations through meditative and inspiring drawings.
URL: https://www.amazon.com/dp/B0C9SDMJ94

5. Tableau de visualisation positif 2023: AVEC CAHIER D'EXERCICES
URL: https://www.amazon.ca/dp/B0C9S9CHYG

6. Journal de gratitude pour une vie meilleure: Un carnet trimestriel
URL: https://www.amazon.ca/dp/B0BVC8H7DZ

7. Gratitude Journal for a Better Life: A Quarterly Notebook
URL: https://www.amazon.com/dp/B0BTNZ9X25